Unternehmensführung in der Praxis · Band 8

Erfolgschancen im Materialbereich

Anregungen aus der Praxis

Von Jochen Sell

Herausgeber der Taschenbuchreihe:

Professor Dr.-Ing. Edgar Hotz
Dr.-Ing., Dr. rer. nat. h. c. Carl Knott
Dr. rer. pol. h. c. Ernst Wolf Mommsen
Dr. oec. Kurt Siebert
Dr. jur. Joachim Zahn

Hans Holzmann Verlag KG
Bad Wörishofen

1. Auflage 1972

Die Taschenbuchreihe erscheint
mit Unterstützung des Förderkreises
für Rationalisierung
Artikel-Nr. 1209

ISBN 3-7783-0109-8

Printed in Germany

Vorwort

In der Wirtschaftspraxis hat es sich mehr und mehr gezeigt, daß die Fähigkeit zur Unternehmensführung eine wichtige Voraussetzung für die völlige Ausschöpfung wirtschaftlicher Chancen ist. Diese Fähigkeit zur Führung eines Unternehmens, sei es nun groß oder klein, beruht nicht nur auf Intuition, Fingerspitzengefühl und angeborener Begabung, sondern setzt vor allem auch Wissen, Erfahrung, Willen und Können voraus.
Die Taschenbuchreihe „Unternehmensführung in der Praxis" hat es sich zum Ziel gesetzt, in praxisnaher und leicht faßlicher Form, mit vielen praktischen Beispielen belegt, Erfahrungen und Verfahrenstechniken einer erfolgreichen Unternehmensführung zu vermitteln, wobei die Anregungen und Beispiele sowohl für große als auch für mittlere und kleinere Unternehmen gelten. Alle Fragen, die dazu beitragen können, die Unternehmensführung im weitesten Sinne zu rationalisieren und zu verbessern, sollen in dieser Taschenbuchreihe praxisnah behandelt werden.
Gerade in der Unternehmensführung liegen heute noch erhebliche Reserven, die es im Hinblick auf den immer härter werdenden Wettbewerb auszuschöpfen gilt. Je mehr ein Unternehmen, sei es groß oder klein, die Erkenntnisse und Informationen für eine erfolgreiche Unternehmensführung auswertet und moderne Führungsmethoden praktiziert, um so erfolgreicher wird es sich im Wettbewerb behaupten. Dabei zu helfen, ist das Ziel dieser Taschenbuchreihe, die vom Förderkreis für Rationalisierung in dankenswerter Weise unterstützt wird.

Professor Dr.-Ing. Edgar Hotz
Dr.-Ing., Dr. rer. nat. h. c. Carl Knott
Dr. rer. pol. h. c. Ernst Wolf Mommsen
Dr. oec. Kurt Siebert
Dr. jur. Joachim Zahn

Vorwort

Inhaltsübersicht

Einführung

Die moderne Industriegesellschaft, in der wir leben und arbeiten, ist weitgehend bestimmt von technisch perfekten Produktionsmöglichkeiten mit vielseitigen Teil- und Spezialaufgaben und vom anspruchsvollen Konsum. Wir müssen den technischen Fortschritt in unsere Produktionsstätten hereinholen, wenn wir im Wettbewerb mit den Produzenten der Welt bestehen wollen. Wir müssen zur Herstellung unserer Produkte die modernsten Maschinen, die neuesten Herstellverfahren und die interessantesten Werkstoffe kennen und nutzen. An unseren Arbeitsplätzen müssen Menschen wirken, die mit diesen hochkomplizierten Dingen umgehen können.
Dies alles kostet Geld!
Durch den weltweiten Wettbewerb ist der notwendige Gewinn nicht mehr in erster Linie durch Umsatz und über den Preis eines Produktes zu holen. Der Unternehmenserfolg wird bestimmt vom Verhältnis zwischen Aufwendungen und Ergebnissen in den einzelnen Bereichen des Unternehmens.
Es ist unbedingt erforderlich, alle nicht notwendigen Kosten aufzuspüren, Kosten zu verhindern und Kosten zu reduzieren. Im Rahmen dieser Bemühungen steht heute die Materialwirtschaft neben den herkömmlichen Schlüsselbereichen des Unternehmens als Bereich, dessen Leistungen und Ergebnisse unmittelbare und entscheidende Auswirkungen auf den Gewinn, ja auf den Bestand eines Unternehmens haben.
Der Leiter der Materialwirtschaft muß über die Zielsetzungen des Unternehmens unterrichtet sein. Er muß den Absatz- und Produktionsplan kennen, daraus den Beschaffungsplan entwickeln. Beschaffungsplanung ist die Planung einer nach den neuesten Erkenntnissen und Spielregeln funktionierenden Materialwirtschaft – entwickelt, aufgebaut, maßgeschneidert und organisch gewachsen nach individueller Betriebsstruktur. Dabei muß die geistige Konzep-

tion der Wertanalyse den Mitarbeitern verständlich gemacht und in die Praxis umgesetzt werden. Je klarer, konsequenter, vernünftiger und systematischer diese Denkweise angewandt wird, um so beträchtlicher werden die Erfolge beim Verhindern und beim Reduzieren von Kosten sein.
Der Leiter des Bereichs Materialwirtschaft muß – wie jeder Bereichsleiter in einem Unternehmen – folgendes erkannt und verstanden haben:
Hauptziel eines jeden Unternehmens ist der Gewinn. Aufgabe aller Bereiche und damit aller Mitarbeiter eines Unternehmens ist, zum Gewinn des Unternehmens beizutragen. Aufgabe der Leiter aller Bereiche – ganz gleich, ob es sich um Gruppen, Meistereien, Abteilungen, Hauptabteilungen, Direktions- oder Vorstandsbereiche handelt – ist, dafür zu sorgen, daß alles unter dem Gesichtspunkt der Wirtschaftlichkeit getan wird. Wirtschaftlich ist alles, was zum Gewinn des Unternehmens beiträgt.
Selbstverständlich darf gewinnorientiertes Denken und Handeln nicht mit kurzfristiger und damit kurzsichtiger Gewinnmaximierung verwechselt werden. Gewinnorientiertes Denken und Handeln will den Bestand des Unternehmens auf Dauer sichern.
Das oben Gesagte gilt für alle Bereiche eines Unternehmens. Ganz eindeutig also auch für den Bereich Materialwirtschaft. Was versteht man unter Materialwirtschaft? Zur Materialwirtschaft gehören auf jeden Fall 4 Funktionsbereiche:

Die Disposition

Die Mitarbeiter dieses Bereichs sind dafür verantwortlich, daß die richtigen Mengen zum richtigen Zeitpunkt bereitstehen und planmäßig verteilt werden.

Der Einkauf

Er hat heute nicht mehr nur die Aufgabe, die richtige Menge in der richtigen Qualität vom richtigen Lieferanten im richtigen Zeitpunkt zum richtigen Preis und zum richtigen Zeitpunkt zu beschaffen. Seine Aufgaben gehen weit über diese traditionelle Arbeitsweise hinaus. Der Einkauf ist heute dafür verantwortlich, daß die wesentlichsten Funktionen von Material, von Waren aller Art und von Dienstleistungen mit den niedrigsten Kosten erfüllt werden.

Die Lager- oder Materialverwaltung

Sie hat die Aufgabe, alle in diesem Bereich anfallenden Arbeiten – von der Warenannahme über den innerbetrieblichen Transport und die eigentliche Lagerung bis zur Ausgabe und zum Versand, ja bis zur Materialverrechnung und zur Inventur – so zweckmäßig und damit so wirtschaftlich wie möglich zu gestalten.

Die Materialverwertung

Sie soll alles, was nicht mehr gebraucht wird – Lagerhüter, Abfallmaterial, Werkzeugmaschinen und Büromaschinen, Betriebseinrichtungen und Büroeinrichtungen – aufspüren, erfassen und für eine wirtschaftliche Verwertung sorgen.

Diese Bereiche des Unternehmens sollen zum Gewinn des Unternehmens beitragen. Welche Möglichkeiten gibt es? Die Materialwirtschaft kann nicht notwendige Kosten, die bereits entstanden sind und weiter entstehen würden, wenn man nichts unternimmt, senken.
Die Materialwirtschaft kann helfen, nicht notwendige Kosten zu verhindern, bevor sie entstehen.
Die Materialwirtschaft kann darüber hinaus dazu beitragen, daß der Wert eines Produktes erhöht wird, ohne daß die Kosten steigen.
Bei diesen Möglichkeiten geht es also immer wieder um die Kosten. Um das Verhindern nicht notwendiger Kosten, um die Reduzierung von Kosten und darum, Kostensteigerungen zu vermeiden.

Das Kostensenkungsprogramm

Wenn es um die Kosten geht, sind in einem Fertigungsbetrieb die Kosten, die bei der Herstellung eines Produktes anfallen – die Produktkosten – von größter Bedeutung.
Für die Produktkosten ist in erster Linie der Bereich Entwicklung und Konstruktion verantwortlich, denn hier werden die Einzelheiten der Konstruktion oder der Rezeptur festgelegt. Darüber hinaus haben einen Teil der Produktkosten die Bereiche Arbeitsvorbereitung, Fertigung und Einkauf zu verantworten, wenn in diesen Bereichen z. B. unzweckmäßige Fertigungsverfahren festgelegt oder angewandt werden oder wenn der Einkauf nicht marktgerecht einkauft. Diese 4 Bereiche – Entwicklung/Konstruktion, Arbeitsvorbereitung, Fertigung und Einkauf – können in Zusammenarbeit die größten Erfolge erzielen, wenn es darum geht, nicht notwendige Kosten zu verhindern. Dabei liegt selbstverständlich die Hauptaufgabe im Bereich Entwicklung/Konstruktion, denn hier werden nach wissenschaftlichen Untersuchungen 70 bis 80% der Produktkosten verursacht. 70 bis 80% sind demnach von diesem Bereich zu verantworten, während auf die Bereiche Arbeitsvorbereitung, Fertigung und Einkauf nur 20 bis 30% entfallen. Aus dieser Feststellung ergibt sich zwangsläufig, daß diese 4 Bereiche zusammen auch die größten Erfolge erzielen können, wenn es darum geht, Kosten zu verhindern, bevor sie entstehen, Kosten zu reduzieren, die bereits entstanden sind und weiter entstehen würden, und wenn es darum geht, den Wert zu erhöhen, ohne daß die Kosten steigen.
Ebenfalls von Bedeutung im Sinne der Beeinflussung sind die Personalkosten. Für sie ist in erster Linie die oberste Führung des Unternehmens verantwortlich, denn hier wird über die organisatorische Form entschieden, hier werden die Grundsätze der Unternehmenspolitik festgelegt. Jeder Bereichsleiter hat aber im Rahmen dieser Grundsätze Möglichkeiten, in seinem Bereich nicht notwendige Personalkosten zu verhindern, Personalkosten zu senken oder ein

weiteres Ansteigen zu vermeiden, denn der Bereichsleiter ist für die interne Organisation seines Bereichs verantwortlich.
Seine erste Sorge gilt daher der Qualifikation seiner wichtigsten Mitarbeiter.

Der aktive Einkäufer

Die Materialwirtschaft kennt noch den zuverlässigen, peniblen Einkäufer-Beamten, der pünktlich und gewissenhaft „bestellt". Der versierte Einkäufer heute ist Analytiker. Er muß selbständig denken, an allen Geschehen im Betrieb und auf dem Markt interessiert sein, voller Ideen stecken, Fantasie und Mut haben. Er muß entscheidungsfreudig sein und handeln. Er muß jeden möglichen Vorteil für das eigene Unternehmen aufspüren und nutzen.
Wie macht man aus einem verwaltenden einen gestaltenden Einkäufer? Wie macht man aus einem Bestellbüro einen aktiven Einkauf?
Voraussetzung hierfür ist die Trennung der Einkaufsfunktionen von allen Arbeiten, die nach dem Vertragsabschluß gemacht werden müssen. Damit wird dem Einkäufer der größte Teil der Routinearbeit abgenommen. Der Einkäufer bekommt Zeit für Marktuntersuchungen und Marktbeobachtungen, für Verhandlungen mit Lieferanten und für Gespräche mit den anderen Bereichen des eigenen Hauses.
Der aktive Einkäufer weiß, worum es geht. Er weiß, was die geforderte Preiserhöhung für sein Unternehmen bedeutet. Die Rechnung Bedarfsmenge x Differenz zwischen dem bisherigen und dem geforderten Preis ergibt einen Betrag, der eine Wertung möglich macht. So lassen sich die Forderungen nach höheren Preisen entsprechend der ABC-Analyse einteilen. Damit ist klar, daß für die A-Fälle ein größerer Aufwand erforderlich ist, um die geforderten Preiserhöhungen zu verhindern, in ihrem Ausmaß abzuschwächen oder hinaus-

zuschieben. Für die B-Fälle muß der Zeitaufwand nicht mehr so groß sein, bei den C-Fällen lohnt es sich vielleicht kaum noch, zu verhandeln.

Der aktive Einkäufer stellt das Ergebnis seiner Arbeit dar. Ausgehend von der Basis (z. B. letzter gültiger Preis) errechnet er die Auswirkung einer anerkannten Preiserhöhung, einer vom Markt kommenden Preiserhöhung oder einer erzielten Kosten-/Preisreduzierung, indem er die Differenz zwischen Basispreis/Basiskosten und zukünftigem Preis/zukünftigen Kosten mit der Bedarfsmenge multipliziert. Die Ergebnisse werden für jeden Einkäufer und auch zusammengefaßt für den ganzen Einkauf saldiert. Diese Methode zeigt die Preis-/Kostentendenz in einer für die Geschäftsleitung ausreichenden Genauigkeit. Diese Methode weckt Initiative und Ehrgeiz.

Nachstehend ein für diesen Zweck verwendetes Formular:

PI	Preisänderung	Listennr. ______ Mat.-Gruppe ______

rote Nummer ______ KS-Nr. ______ Freigabe ______

Bez. ______ Nr. ______

Firma ______ Datum ______

Grund ______

bisher DM ______ / ______ Fracht ______ Verp. ______ Zahlung ______

gefordert DM ______ / ______ ab ______ Fracht ______ Verp. ______ Zahlung ______

anerkannt DM ______ / ______ ab ______ Fracht ______ Verp. ______ Zahlung ______

Jahresbedarf ______ neuer Lieferant ______

geford. Erhöh./Jahr ______ DM Werkzeugkosten ______ DM

Reduzierung/Jahr ______ DM

wirksame Erhöh./Jahr ______ DM Einsparung/Jahr ______ DM

Datum ______ Einkäufer ______

Nr. 296-11-30 614

Kostenziele

Noch effektiver wird gearbeitet, wenn die Höhe der Preis-/Kostensenkungen geplant wird. Die Soll-Zahlen werden mit dem zuständigen Einkäufer zusammen festgelegt. Die Basis ist z. B. der zuletzt gültige Preis des vergangenen Kalenderjahres. Für jeden im neuen Jahr erteilten Auftrag werden dann Mehrpreis/Mehrkosten oder Preisreduzierung/Kostenreduzierung errechnet. Der Saldo aller Preisabweichungen ist das tatsächliche Einkaufsergebnis in DM. Bei dieser Methode sind Ziele gesetzt. Dadurch ist ein Soll-Ist-Vergleich möglich. Diese Methode führt zu einem Einkäuferwettbewerb.
Es empfiehlt sich, bei beiden Methoden nicht nur die Daten, die zur Ermittlung der Tendenz oder des Ergebnisses notwendig sind, zu erfassen. Gleichzeitig müssen die Ursachen erfaßt und ausgewertet werden, da sich hieraus Konsequenzen für die weitere Einkaufspolitik ergeben. Als Ursachen kommen z. B. in Frage: Verhandlungsergebnis, Lieferantenwechsel, Änderung der Bestellmenge, Umstellung von Eigenfertigung in Fremdbezug und umgekehrt, Änderung des Herstellverfahrens, Materialänderung, Änderung der Ausführung, Entfeinerung, Normung, Dringlichkeit, Materialpreisänderungen, Tariferhöhungen, Änderung der Frachten, Änderung der Zollsätze.
Die Unternehmensleitung muß den Bereichen Kostenziele setzen, die selbstverständlich in Zusammenarbeit mit den Bereichsleitern festzulegen sind. Es geht nicht um das Kostenminimum! Das ist ein Gummibegriff. Es darf nur darum gehen, ein Kostenziel zu erreichen. Hierzu ein Beispiel:
Wenn der Bereich Entwicklung/Konstruktion den Auftrag bekommt, ein neues Produkt zu entwickeln und zu konstruieren oder ein vorhandenes Produkt, mit dem man nicht mehr wettbewerbsfähig ist, umzukonstruieren, dann werden – hoffentlich immer – drei Dinge vorgegeben: eine genaue Beschreibung aller Funktionen, die das neue oder geänderte Produkt erfüllen muß; die zulässigen Produktkosten – das sind

die Kosten, die sich aus dem möglichen Marktpreis nach Abzug der notwendigen Spanne ergeben – und der Termin, zu dem das Produkt serienreif sein muß.
Dem Einkäufer werden mit der Bedarfsmeldung (= Anforderung) die Spezifikation und der Termin vorgegeben. Den zulässigen Preis nennt man dem Einkäufer nicht. Es gibt nur ganz wenige Firmen, in denen eine Gruppe qualifizierter Fachleute den zulässigen Preis für die zu beschaffenden Waren ermittelt und festlegt. Diese Gruppe qualifizierter Fachleute muß den neuesten Stand aller Fertigungsverfahren kennen und die neuesten Erkenntnisse der Kostenrechnung beherrschen. Diese Perfektion ist – wie gesagt – bisher nur in ganz wenigen Unternehmungen erreicht. In allen Unternehmungen muß es aber möglich sein, von erfahrenen Mitarbeitern, z. B. durch Vergleich mit ähnlichen Teilen und Aggregaten, den zulässigen Preis festlegen zu lassen.
Der Leiter der Materialwirtschaft muß Ziele setzen, die auf die Unternehmensplanung abgestimmt sind und einen Teil des Beschaffungsplanes darstellen. Dieser Teil des Beschaffungsplanes ist die Ergebnisplanung, die für 3 Gebiete durchzuführen ist:
Für den Einkauf von Waren und Dienstleistungen und damit für die Preise unter Berücksichtigung der sich daraus ergebenden Gesamtkosten;
Für die Vorratshaltung in ihrem Einfluß auf die Liquidität;
Für die Personalkosten.

Beispiele:

Auffangen aller Preiserhöhungen, die der Einkäufer einfach nicht vermeiden kann, durch Preis- und Kostenreduzierungen bei anderen Waren.
Reduzierungen des Einkaufswertes (= Menge x Preis) für alle laufend zu beschaffenden Waren bei gleichem Mengenvolumen pro Jahr um ... %.

Reduzieren der Vorräte um ... % oder um DM ......
Reduzieren der Personalkosten um ... oder Auffangen der Tariferhöhungen durch Personalreduzierung.

Zur Kontrolle der Planziele im Einkauf empfehlen sich einfache Formulare (Beispiel = Seite 16) oder Lochkarten, mit denen alle Preis-/Kostenänderungen, ausgehend von einer festgelegten Basis, in ihrer Auswirkung für einen bestimmten Zeitraum oder in ihrer tatsächlichen Auswirkung für erteilte Aufträge erfaßt werden. Die Mehrarbeit ist gering.
Die Kontrolle der Planziele auf dem Gebiet der Lagerhaltung und bei den Personalkosten sollte monatlich vorgenommen werden. Das Planziel des wertanalytischen Kostensenkungsprogramms im Einkauf läßt sich nur im Abstand von 3 bis 6 Monaten kontrollieren.
Pläne lassen sich am leichtesten durchführen, wenn die Mitarbeiter von der Richtigkeit der Planziele und der Zweckmäßigkeit der geplanten Maßnahmen überzeugt sind. Das erreicht man, wenn die Pläne mit den leitenden Mitarbeitern erarbeitet und dadurch alle Mitarbeiter so genau wie möglich informiert werden. Die Aktivität der Mitarbeiter läßt sich durch einfache Zahlenbeispiele steigern: Wenn die Mitarbeiter der Materialwirtschaft in Zusammenarbeit mit den anderen Bereichen des Unternehmens und in Zusammenarbeit mit den Lieferanten in einem Unternehmen mit 5% Gewinn vor Abzug der Steuern pro Jahr 100 000,– DM sparen, dann ist das für das Unternehmen genauso viel wert wie ein zusätzlich vom Verkauf hereingeholter Auftrag im Wert von 2 000 000,– DM!
Diese primitiven Zahlen sind betriebswirtschaftlich anfechtbar. Aber – mit einem solchen Zahlenbeispiel kann man die Leistung aller Bereiche eines Unternehmens mit der Leistung des Verkaufs vergleichbar machen.

Den Wettbewerb nutzen

Wettbewerbsuntersuchungen gehören zur täglichen Arbeit des Einkäufers. In Zeiten der Hochkonjunktur sind die Aussichten auf Erfolg schlechter als in Zeiten nachlassender Konjunktur oder in Krisenzeiten. Einmal sitzt der Verkäufer,

Bereich	Kosten : Soll / Ist Vergleich		Kostenart				Ist - Kosten Vorjahr	Jahr
	SOLL		IST		DM-ABWEICHUNG		% - ABWEICHUNG	
Monat	Lfd. Monat	Kumuliert	Lfd. Monat	Kumuliert	Lfd. Monat	Kumuliert	Lfd. Monat	Kumuliert
Januar								
Februar								
März								
April								
Mai								
Juni								
Juli								
August								
September								
Oktober								
November								
Dezember								

einmal der Einkäufer am längeren Hebel. Beide dürfen dieses „Am-längeren-Hebel-Sitzen“ aber nicht bis zum letzten ausnutzen. Der Einkäufer, der in konjunkturschwachen Zeiten den Preis bis zum letzten drückt, wird im Konjunkturumschwung sehr bald Preiserhöhungen oder Lieferverzögerungen hinnehmen müssen. Der Verkäufer, der den Preis in der Hochkonjunktur voll nach oben ausnützt, wird die Reaktion des Einkäufers bei nachlassender Konjunktur sehr schnell zu spüren bekommen. Gut organisierte Einkaufsabteilungen erfassen alle Preiserhöhungen, die ihnen der Markt aufzwingt. Bei nachlassender Konjunktur werden die Waren, für die man kräftige Preiserhöhungen akzeptieren mußte, besonders intensiv durch Wettbewerbsangebote überprüft.

Man muß die Möglichkeiten, die der große Markt (Inland, Ausland und Übersee) bietet, ausnutzen mit dem Ziel, die gleichen Waren beim Wettbewerb günstiger zu kaufen.

Voraussetzung hierfür ist eine Einkaufsmarktforschung – auch wenn man oft noch nicht von systematischer Einkaufsmarktforschung sprechen kann. Man darf aber auf eine Marktanalyse, d. h. auf eine Bestandsaufnahme des Marktes zu einem bestimmten Zeitpunkt für A-Waren nicht verzichten. Darüber hinaus muß der Einkäufer systematisch dazu erzogen werden, den Markt für A- und B-Waren zu beobachten.

Marktbeobachtung und die Marktanalyse sind nicht nur Mitten, um Kosten zu senken. In Zeiten der Hochkonjunktur helfen sie in erster Linie, Preiserhöhungen zu vermeiden.

Marktanalysen in Form von Wettbewerbsuntersuchungen dürfen nicht schematisch vorgenommen werden. So muß sich die Zahl der Anfragen nach dem Wert der zu beschaffenden Waren und Dienstleistungen richten. Für A-Waren sind vielleicht einige 100 Angebote aus mehreren Ländern einzuholen. Hierfür ist ein Mitarbeiter evtl. für eine bestimmte Zeit freizustellen. Die zusätzlich dadurch entstehenden Kosten (Gehalt, Reisekosten, Telefon- und Fernschreibgebühren, Prüfkosten usw.) müssen in einem vertretbaren Verhältnis zum möglichen Erfolg stehen. Das setzt voraus, daß man sich für den „möglichen Erfolg" ein Ziel setzt und hiervon die zulässigen Kosten – das sind die Kosten, die für diese „Aktion" zusätzlich entstehen dürfen – ableitet. Der Abschlußbericht über eine derartige Aktion muß eine Gegenüberstellung der zusätzlich entstandenen Kosten und der erreichten Preis-/Kostenreduzierung enthalten. Beide Zahlen – also das Ist – können dann mit dem Soll (= Preis-/ Kostenziel und zulässige Zusatzkosten) verglichen werden.

Wenn man nach dieser Methode arbeitet, wenn man Aufwand und Erfolg deutlich gegenüberstellt, dann lassen sich auch in Zeiten rückläufiger Konjunktur zusätzliche Personalkosten verantworten. Es ist grundfalsch, wenn man aus Mangel an Mitarbeitern oder aus Mangel an qualifizierten Mitarbeitern die Möglichkeiten des Wettbewerbs nicht nutzen kann. Man darf nicht nach dem Grundsatz handeln „Sparen – koste es was es wolle", wenn mit zusätzlichem Personal und damit mit zusätzlichen Kosten Ergebnisse zu erzielen sind, die den Aufwand weit übertreffen.
Wichtig ist, daß Mitarbeiter, die diese Marktanalyse schwerpunktmäßig durchführen sollen, ganz für diese Aufgabe freigestellt werden und damit vom täglichen Terminkrieg und aller täglichen Routinearbeit befreit sind. Das entbindet andere Einkäufer nicht von der Aufgabe, ebenfalls Marktbeobachtungen durchzuführen. Für wirkliche Schwerpunkte aber sind Mitarbeiter notwendig, die sich ganz dieser Aufgabe widmen können.

Wertanalyse

Die wirtschaftliche Zukunft eines Unternehmens hängt von der Fähigkeit ab, die Fertigung gewinnbringend zu gestalten, d. h. ein Qualitätserzeugnis unter möglichst niedrigen Kosten zu einem konkurrenzfähigen Preis herzustellen und schnell auf den aufnahmefähigen Markt zu bringen. Der Konkurrenzdruck in Zeit, Kosten und Qualität ist Anlaß, ständig schnellere und wirtschaftlichere Methoden zu suchen.
Prof. Erhard hat vor Jahren in Hannover einmal gesagt: „Je

mehr bei einem Wirtschaftszweig die internationale Konkurrenz eine Rolle spielt, desto geringer sind die Chancen und Möglichkeiten, höhere Kosten über den Preis abzuwälzen." Die Amerikaner haben als erste nach dem 2. Weltkrieg erkannt, daß es nicht mehr darauf ankommt, welche Materialien und welche Fachkräfte wir zur Verfügung haben, sondern wie wir sie nutzvoll einsetzen. Die Konkurrenten der Welt sind einander bedrohlich nahe; dies zwingt zu schärfster Kalkulation. Die herkömmlichen Kostensenkungsmethoden reichen nicht mehr aus. Es muß etwas geschehen, bevor der Kunde das zu teure Produkt ablehnt und bevor die Konkurrenz beweist, daß die Kosten zu hoch sind. Diese Überlegungen führten zur Wertanalyse, zum Beginn des Umdenkens im Beschaffungswesen, das mit diesen neuen Ideen seinen früheren Rahmen sprengt und eine neue Plazierung im Unternehmen bekommen muß.

Wertanalyse ist Funktionsuntersuchung.

Sie soll sicherstellen, daß jeder Kostenanteil der Funktion dient. Früher orientierte man sich am Gegenstand und untersuchte: Was kann man tun, um ihn billiger zu machen? Heute orientiert man sich an der Aufgabe, die im ganzen und in allen Teilen zu erfüllen ist, und überträgt diese Fragen auf Mensch, Material, Maschine und Kapital.

Wir kaufen nicht mehr, was die Technik bestellt. Wir lassen uns die Funktionen, die erfüllt werden müssen, sagen und suchen von daher die preisgünstigste Beschaffungsmöglichkeit.

Der Einkäufer hat das Bewußtsein für vergleichbare Werte, er weiß, was der Markt anbietet. Er besitzt Kostenerfahrungen und Kosteninformationen. Er kann zusammen mit den Lieferanten immer neue Ideen entwickeln, um jede Funktion zur niedrigsten Kostengrenze zu bringen, indem er die Technik des eigenen Hauses mit der der Lieferanten und möglichen Lieferanten zusammenbringt. Das ist seine schöpferische Tätigkeit. Er legt die Elemente frei, die

nicht notwendige Kosten suchen und finden,
Kosten senken und
nicht notwendige Kosten verhindern.

Er findet dadurch heraus, in welchem Umfang, wo und warum menschliche Arbeitskraft, Material, Maschinenleistung und Kapital vergeudet werden.
Der Wert eines Artikels ist nicht mehr der niedrigste Preis. Der Wert ist das, was wir aufwenden müssen für ein Erzeugnis, ein Verfahren, eine Idee, eine Dienstleistung, um einen bestimmten wirtschaftlichen Nutzen zu erzielen. **Unter dem wahren und echten Wert versteht man die niedrigsten Kosten, mit denen eine Funktion zuverlässig ausgeführt werden kann.**
Wer die Wertanalyse anwendet, führt einen systematischen Kampf gegen jeden Kostenfaktor, ob sichtbar oder nicht und wartet nie darauf, bis eine Kostensituation fraglich wird. Er prüft alles, was bisher beschafft wurde und beschafft wird, nach folgender Methode:
Feststellen der gegenwärtigen Kosten;
Beurteilung der gegenwärtigen Kosten;
Untersuchung der Möglichkeiten für eine Kostensenkung durch Bestimmung der Funktion,
    Bewertung der Funktion,
    Entwicklung von Entscheidungsmöglichkeiten.
Seit ihrem Beginn ist die Wertanalyse ein wirkungsvoller Beitrag zur Lösung der Kostenprobleme in Entwicklung, Konstruktion, Arbeitsvorbereitung, Fertigung, Disposition und Vorratshaltung. Dennoch ist eine dauernde Überprüfung des analytischen Begriffs geboten, damit nicht durch kritiklose Übernahme von Schlagworten und Urteilen die innere Anteilnahme lahmgelegt wird und problembewußte verantwortliche Initiativen unterbleiben.
Verschiedene Interpretationen des Begriffs „Wertanalysen“ sind aufschlußreich. Hier einige Beispiele:

Wertanalyse – wirksame Ausnutzung aller verfügbaren Quellen, um ein Produkt herzustellen, das einen tatsächlichen Wert darstellt;
– hat das Ziel, nicht notwendige Kosten festzustellen und zu vermeiden;
– Methode zur Untersuchung von Verschwen-

dung an menschlicher Arbeitskraft, Maschinen und Material;

- systematischer Kampf gegen jeden Kostenfaktor, ob sichtbar oder nicht;
- wartet nicht darauf, bis eine Kostensituation fraglich wird;
- wirkt kostenverhindernd:
- verlangt Wissen, Erfahrung, schöpferische Tätigkeit, Ideen, um jede Funktion zur niedrigsten Kostengrenze zu bringen;
- organisiert die Elemente, die Kosten suchen, finden, senken, verhindern;
- soll sicherstellen, daß jeder Kostenanteil der Funktion dient;
- Methode des Vergleichs der Funktionen eines Produktes mit seinen Herstellkosten;
- Wertvergleich.

Die heute als Wertanalyse bekannte Kostenforschung ist vor ca. 20 Jahren von Miles eingeführt worden. Miles ist Ingenieur und war damals Einkaufsleiter der General-Electric. Die Gedanken, die Miles in seinem Werk

Value engineering

Wertanalyse, die praktische Methode der Kostensenkung

niedergelegt hat, sind inzwischen von vielen Theoretikern in interessanten Abhandlungen interpretiert worden. Man hat versucht, das Wort Wertanalyse und den Begriff Value engineering zu übersetzen. Man hat sich bemüht, die Begriffe Wert, Werttechnik, Wertschöpfung, Gebrauchswert, Schätzungswert, Prestigewert, Austauschwert und Kostenwert zu fixieren. Der Praktiker kann aber mit diesen Begriffen wenig anfangen.

Der Praktiker muß Ideen im Arbeitsablauf wirksam werden lassen. Er muß aus der geistigen Konzeption ein Instrument machen, das er einsetzen und handhaben kann. Der Praktiker muß vereinfachen.

Man kann den Mitarbeitern nicht sagen: Ihr müßt wertanalytisch denken! Man kann auch nicht sagen: Ihr müßt die neuen

Werttechniken anwenden. Das versteht niemand. Damit kommt man keinen Schritt weiter.
Man kann aber sagen: Wir müssen die Kosten senken, um den Gewinn zu machen, den das Unternehmen zur Erhaltung der Arbeitsplätze braucht. Das verstehen die Mitarbeiter. Mit diesen Begriffen läßt sich leichter operieren, kommt man besser vorwärts.
Der Begriff „Kosten senken" muß inhaltlich auch das „Verhindern von Kosten" einschließen. „Kosten senken" ist die Unterstufe der Wertanalyse. Beim „Verhindern nicht notwendiger Kosten" werden höhere technische Fähigkeiten verlangt, da sich zum Beispiel nicht notwendige Produktkosten nur im Stadium von Entwicklung und Konstruktion verhindern lassen. Das ist die Oberstufe der Wertanalyse, in der der Einkauf eine helfende Funktion hat.
Selbstverständlich haben versierte Einkäufer schon immer versucht, den Preis durch Ausnutzung des Wettbewerbs – manchmal auch durch „primitive Preisdrückerei" – zu senken, um auf diesem Weg die Kosten herabzusetzen. Der Wettbewerb muß heute in verstärktem Maße ausgenutzt werden, denn die Möglichkeiten, in Europa und Übersee billiger einzukaufen, sind viel größer geworden. Preisdrückerei sollte man aber vermeiden. Das führt nur zu Augenblickserfolgen.

Bei den konventionellen Aufgaben des Einkäufers geht es darum, eine vorgeschriebene Ware, die in allen Einzelheiten fixiert ist, nach Möglichkeit preisgünstiger zu kaufen. Es geht heute darum, nicht mehr in Preisen, sondern wirklich in Kosten zu denken. Es geht nicht mehr um Material und Teile, es geht um die Aufgaben und die Funktionen, die das Material oder die Teile zu erfüllen haben.
Mit Fragen wie „Welche Aufgaben, welche Funktionen sind zu erfüllen?", „Sind diese Aufgaben und Funktionen überhaupt notwendig?", „Ist die Arbeit, die gemacht wird, vielleicht überflüssig?", „Wird sie doppelt und dreifach gemacht?" stellt man eigentlich alles in Frage, alles Gegebene wird angezweifelt. Die Fragen nach der Funktion, nach der Aufgabe sind revolutionär. Manchmal stellt sich dann heraus,

daß ein Mitarbeiter keine Aufgabe – oder keine Aufgabe mehr – zu erfüllen hat. Manchmal zeigt sich, daß Teile und Aggregate überhaupt keine Funktion mehr zu erfüllen haben.
Aufgaben und Funktionen mit den niedrigsten Kosten erfüllen – das ist das Ziel des Kostensenkungsprogramms im Sinne der Wertanalyse.
Das bedeutet: alle nicht notwendigen Kosten, die mit Disposition, Einkauf, Materialverwaltung und Materialverwertung zusammenhängen, feststellen und vermeiden. Das bedeutet zu verhindern:
die Vergeudung von menschlicher Arbeitskraft,
die Verschwendung von Kapital,
die Vergeudung von Maschinenleistung,
die Verschwendung von Material auf allen Gebieten, die mit der Materialwirtschaft zu tun haben.
Dieses Ziel müssen die Einkäufer anstreben, um z. B. alle nicht zu vermeidenden Preiserhöhungen bei anderen Waren und Dienstleistungen wieder aufzufangen oder einen Teil der sich aus Tarifänderungen ergebenden Kostensteigerungen möglichst auszugleichen.
Wertanalyse ist in allen Unternehmungen möglich. Der Leiter der Materialwirtschaft oder der Leiter des Einkaufs sollte die Initiative ergreifen. In Unternehmungen, in denen die Wertanalyse bereits praktiziert wird, ist darauf zu achten, daß Einkauf und Materialwirtschaft aktiv eingeschaltet werden.
Die Möglichkeiten der Wertanalyse sind in den verschiedenen Branchen sehr unterschiedlich.
Value Engineering im Sinne von „nicht notwendige Kosten verhindern, bevor sie entstehen“, die Oberstufe der Wertanalyse, ist die Domäne der Technik. Der Einkauf muß aber auch hier aktiv eingeschaltet werden, da er die besten Verbindungen zum großen Markt hat und dadurch neue Werkstoffe, Herstellverfahren, Forschungsergebnisse – kurz einen Teil des technischen Fortschritts – vermitteln und damit kostenlos einkaufen kann.
Für Wertanalyse auf den Sektoren „Material“ und „Dienst-

leistungen“ braucht man im Bereich der Materialwirtschaft ausgebildete und erfahrene Einkäufer. Organisatorisch haben sich 2 Aufgabenstellungen nebeneinander herausgebildet.
Zunächst ist es Aufgabe eines jeden Einkäufers, wertanalytische Untersuchungen für die Materialien und Dienstleistungen durchzuführen, die er als der zuständige Einkäufer zu beschaffen hat. Er kennt die Aufgaben und Funktionen, die diese Materialien und Dienstleistungen zu erfüllen haben. Er kennt den Markt hierfür. Er kennt die Lieferanten und die potentiellen Lieferanten und weiß, von wo er die besten Anregungen und Vorschläge beschaffen kann.
Daneben aber muß es einige Mitarbeiter geben, die sich nur mit wertanalytischen Kostenuntersuchungen befassen. Diese Mitarbeiter sind in einer Gruppe oder Abteilung zusammengefaßt. Der Leiter dieses Bereichs untersteht dem Leiter des Einkaufs oder dem Leiter der Materialwirtschaft direkt. Aufgabe dieser Mitarbeiter ist, wertanalytische Untersuchungen durchzuführen, die über die Zuständigkeit des einzelnen Einkäufers hinausgehen. Hierzu gehören Untersuchungen zur Umstellung von Eigenfertigung auf Fremdbezug, Untersuchungen auf bestimmten Auslandsmärkten, auf denen Spezialkenntnisse erforderlich sind, die man nur mit großen Schwierigkeiten mehreren Einkäufern vermitteln kann, Untersuchungen ganzer notleidender Produkte, deren Teile von verschiedenen Einkäufern beschafft werden.
Als Beispiel hier aus der Praxis die Stellenbeschreibung für den Leiter einer Gruppe „wertanalytische Kostenuntersuchungen“:

Stellenbeschreibung für den Leiter der Gruppe „wertanalytische Kostenuntersuchungen“

1. Stellenbezeichnung:
   Wertanalytiker
2. Rang des Stelleninhabers:
   Gruppenleiter

3. Vorgesetzter/Unterstellung:
Der Stelleninhaber ist personell und sachlich dem Leiter des Einkaufs unterstellt.
4. Untergebene/Überstellung:
Dem Stelleninhaber sind 1 Sachbearbeiter und 1 Stenokontoristin unterstellt.
5. Stellvertretung:
Der Stelleninhaber wird vertreten in grundsätzlichen Angelegenheiten durch den Leiter des Einkaufs, in routinemäßigen Angelegenheiten durch den Sachbearbeiter.
6. Hauptaufgaben/Ziele der Stelle:
6.1 Wertanalytische Kostenuntersuchungen (Arbeitsanweisungen 25 und 34);
6.2 Untersuchungen Eigenfertigung/Fremdbezug und umgekehrt (Arbeitsanweisung Nr. 38);
6.3 Marktuntersuchungen im europäischen Ausland und in Japan;
6.4 Führung der unterstellten Mitarbeiter.
7. Einzelaufgaben/Teilziele der Stelle:
7.1 Organisationsaufgaben –
Festlegen der Arbeitsabläufe innerhalb der Gruppe; Festlegen der Haupt- und Einzelaufgaben für die unterstellten Mitarbeiter.
7.2 Personalaufgaben –
Aus- und Weiterbildung der unterstellten Mitarbeiter und der Auszubildenden, die der Gruppe zugeteilt werden.
7.3 Sachaufgaben –
Möglichkeiten der Kostensenkung und Möglichkeiten der Umstellung von Eigenfertigung auf Fremdbezug suchen;
Kostenvergleiche durchführen, Vorgänge anlegen, Vorgänge bearbeiten;
„Kostensenkungs-Besprechungen“ und „Besprechungen Eigenfertigung/Fremdbezug“ vorbereiten, durchführen und Protokoll erstellen;
Untersuchungen für „nicht kostengedeckte Produkte“ durchführen;

Auftragsabwicklungen für einmalige Beschaffungen (= Entlastung der Eigenfertigung);
Abwicklung der Erstaufträge aus wertanalytischen Kostenuntersuchungen und aus den Untersuchungen Eigenfertigung/Fremdbezug bis zur Freigabe;
Terminliche Betreuung der Kostensenkungsvorgänge aller Einkaufsgruppen;
Erfassen und Auswerten der Preis-/Kostenänderungen = Einkaufsergebnis (Arbeitsanweisung Nr. 32).

8. Besondere Befugnisse des Stelleninhabers:
Der Stelleninhaber hat Handlungsvollmacht im Bereich Einkauf (Arbeitsanweisung Nr. 40).

9. Voraussetzungen:
9.1 Fachkenntnisse – Ausbildung
Muß kaufmännisch und in Wertanalyse ausgebildet sein;
Muß technische und betriebswirtschaftliche Kenntnisse haben;
Muß die üblichen Herstellverfahren kennen.
9.2 Besondere Voraussetzungen
Muß im Team arbeiten können;
Muß die „Anforderungen an die Person des Einkäufers" erfüllen.

10. Besondere Arbeitsplatzbedingungen:
Braucht viel Platz, um die Untersuchungsobjekte zeigen und Alternativlösungen darstellen zu können.

Die Mitarbeiter des Bereichs, der nur für wertanalytische Kostenuntersuchungen verantwortlich ist, sind gleichzeitig zuständig für die Koordinierung aller wertanalytischen Untersuchungen im Gesamtbereich Materialwirtschaft. Überschneidungen und Kompetenzprobleme sind dadurch fast ausgeschlossen. Außerdem ist dieser Bereich Verbindungsstelle zu der „Zentralstelle Wertanalyse" im Unternehmen zu den verschiedenen Wertanalyse-Bereichen innerhalb der Entwicklung/Konstruktion, der Arbeitsvorbereitung und der Fertigung.
Die Personalkosten für den Bereich Wertanalyse spielen,

wenn man sie den Ergebnissen gegenüberstellt, keine wesentliche Rolle. Das Ergebnis rechtfertigt nach den bisherigen Erfahrungen immer den Einsatz zusätzlicher Mitarbeiter. Selbstverständlich wäre es ideal, wenn man die für die Wertanalyse benötigten Mitarbeiter durch organisatorische Maßnahmen im Bereich der Materialwirtschaft freimacht und keine zusätzlichen Personalkosten entstehen.

Arbeitsablauf

Im Bereich der Materialwirtschaft hat sich für die Wertanalyse ein Arbeitsablauf, der unter Punkt 2. der nachstehend wiedergegebenen Arbeitsanweisung festgelegt ist, bewährt.

1. Ziele
   - 1.1 Nicht notwendige Kosten verhindern.
   - 1.2 Kosten senken, die bereits entstanden sind und weiter entstehen würden, wenn man nichts tut.
   - 1.3 Den Wert erhöhen, ohne daß die Kosten steigen.
2. Arbeitsablauf
   - 2.1 Schwerpunkte bilden.
   - 2.2 Möglichkeiten der Kostensenkung systematisch suchen.
     Welche Aufgaben, welche Funktionen sind zu erfüllen?
       Sind die Aufgaben/Funktionen überhaupt notwendig?
       Werden die Aufgaben/Funktionen evtl. doppelt und dreifach erfüllt?
     Welches sind die wesentlichsten Aufgaben/Funktionen?
     Welche Alternativmöglichkeiten gibt es, die wesentlichsten Aufgaben und Funktionen zu erfüllen?
     Was kosten die verschiedenen Möglichkeiten?
   - 2.3 Vorschläge systematisch erfassen.
   - 2.4 Vorschläge systematisch weiterbearbeiten.
   - 2.5 Entscheidungen herbeiführen.
   - 2.6 Entscheidungen realisieren.
   - 2.7 Erfolge/Mißerfolge kontrollieren.

3. Grundsätze
   3.1 Keine Kritik üben.
   3.2 Die Zusammenarbeit organisieren.
   3.3 Sich grundsätzlich auf den Standpunkt stellen „es gibt bestimmt noch eine kostengünstigere Lösung".
   3.4 Immer von der Aufgabe/Funktion ausgehen.
   3.5 Nie mehr Aufwand treiben, als zur Erfüllung der wesentlichsten Aufgaben/Funktionen unbedingt notwendig ist.
   3.6 Systematisch arbeiten.

Zu den 7 Schritten, die den Arbeitsablauf bestimmen, folgendes:

Schwerpunkte bilden

Die ABC-Methode wird als bekannt vorausgesetzt. A-Waren sind z. B. 5% der Materialnummern aber 70% des Bedarfs- oder Verbrauchswertes. Mit weiteren 10% der Nummern erfaßt man weitere 20% des Wertes. Das sind die B-Waren. 85% der Nummern entsprechen dann nur noch einem Bedarfs- oder Verbrauchswert von 10%. Das sind die C-Waren. Der Einkäufer sollte 70% seiner Zeit verwenden, um Wettbewerbsuntersuchungen für A-Waren durchzuführen. Der Einkäufer oder der speziell für Aufgaben der Wertanalyse eingesetzte Mitarbeiter sollte 70% seiner Zeit zur wertanalytischen Untersuchung der A-Waren nutzen.
Die gleiche Methode läßt sich auf die Vorräte anwenden. A-Waren sind dann z. B. 70% des Bestandswertes aber nur 5% der Materialnummern usw.
Der Disponent sollte 70% seiner Zeit für die Disposition von nur 5% der Nummern aufwenden. Nur 30% der Zeit bleiben übrig für 95% der Materialnummern. Für A-, B- und C-Waren kann man Maximalbestände bestimmen. Zum Beispiel dürfen A-Waren max. für 1 Monat, B-Waren max. für 3 Monate und C-Waren max. für 6 Monate auf Lager sein.
Die Lieferanten lassen sich in A-, B- und C-Lieferanten einteilen. A-Lieferanten bekommen 70% von dem Gesamtetat, den der Einkauf im Jahr ausgibt. B-Lieferanten nur 20% und

C-Lieferanten die restlichen 10% des Geldes. Auch hier zeigt sich, daß z. B. nur 5% der gesamten Lieferanten etwa 70% der geplanten Einkaufssumme erhalten.
Verhandlungen mit A-Lieferanten sind besonders erfolgversprechend. Der Einkaufs-Chef muß die A-Lieferanten kennen. Der Einkäufer muß diese Lieferanten in erster Linie besuchen.
Die ABC-Methode läßt sich eigentlich auf allen Gebieten anwenden – bis zur Bewertung von organisatorischen Aufgaben und Ideen, bis zur Bewertung der Aufgaben und damit zur Bewertung der verschiedenen Tätigkeiten eines Managers.
Die aus der ABC-Methode für Einkäufer und Disponenten angedeuteten Konsequenzen sind absichtlich extrem formuliert, um die Bedeutung und die Zielsetzung zu unterstreichen.
Weitere Schwerpunkte können Produkte sein, bei denen man einfach nicht aus den roten Zahlen herauskommt, bei denen man den unbedingt notwendigen Gewinn nicht erzielt usw. Schwerpunkte können Teilefamilien der Eigenfertigung sein, die ein spezialisierter Unterlieferant vielleicht kostengünstiger fertigen kann.

Die Möglichkeiten der Kostensenkung systematisch suchen

Zu empfehlen ist ein einfaches Frageschema, das sowohl für wertanalytische Untersuchungen von Waren aller Art als auch für wertanalytische Untersuchungen bei Mitarbeitern gilt.
Welche Aufgaben, welche Funktionen sind zu erfüllen? Sind die Aufgaben/Funktionen überhaupt notwendig? Werden sie evtl. doppelt und dreifach erfüllt? Welches sind die wesentlichsten Aufgaben/Funktionen? Gibt es Alternativmöglichkeiten, mit denen die wesentlichsten Aufgaben/Funktionen erfüllt werden können? Was kosten diese?
Die hier gestellten Fragen können – wenn es z. B. um die Funktionen geht – nur von den Mitarbeitern der technischen Bereiche des eigenen Unternehmens beantwortet werden.

Das setzt voraus, daß die zu erfüllenden Funktionen schriftlich fixiert sind und daß die Techniker bereit sind, die Funktionsbeschreibung an den Einkauf bzw. über den Einkauf an die Fachleute der Lieferanten zu geben.
Bei der Suche nach Alternativlösungen und damit bei der Suche nach Möglichkeiten der Kostensenkung oder nach Möglichkeiten, nicht notwendige Kosten zu verhindern, spielen die Lieferanten eine bedeutende Rolle. Im Rahmen eines von der Materialwirtschaft initiierten Kostensenkungsprogramms spielen die Lieferanten sogar die Hauptrolle. Die Lieferanten müssen aktiv in das Kostensenkungsprogramm des Kunden eingebaut werden. Wie kann man das? Hierzu einige Beispiele:
Im Warte- oder Besuchszimmer des Einkaufs werden Teile, Aggregate, Roh-, Hilfs- und Betriebsstoffe ausgestellt. Die Besucher – und damit tatsächliche Lieferanten und potentielle Lieferanten – werden mit Hinweisschildern aufgefordert, Vorschläge zu machen. „Können Sie diese Teile/Waren liefern? Können Sie Vorschläge machen, die zu einer Kostensenkung führen könnten?“
Die ausgestellten Waren gehören zu den vorher festgelegten Schwerpunkten. Es sind also z. B. A-Waren, Teilesätze, Teilefamilien usw. Es können aber z. B. auch Waren sein, für die in der Vergangenheit besonders kräftige Preiserhöhungen anerkannt werden mußten oder für die starke Preiserhöhungen zu erwarten sind.
Die Waren sind mit der Material-/Teilenummer versehen. Der Besucher nennt dem Einkäufer die Nummern, für die er sich interessiert. Er bekommt eine Funktionsbeschreibung und die Anfrage.
Oder – man fordert den Lieferanten durch einen Hinweis auf dem Anfrageformular zur Mitarbeit auf: „Bieten Sie bitte nicht nur genau nach Vorschrift an. Machen Sie uns bitte Vorschläge, die zu einer Kosten-/Preisreduzierung führen können. Nennen Sie uns bitte die für Sie günstigsten Bestellmengen.“
Diese Methode kann man ausbauen und verfeinern, indem der Anfrage folgender Fragebogen beigegeben wird:

Fragebogen zur Wertanalyse

zurück an: ______________________________

Bezeichnung: ______________________________

Teile-Nr.: ______________________________

Funktion: ______________________________

1. Lassen sich die wesentlichsten Funktionen auch mit anderen, kostengünstigeren Materialien/Teilen erfüllen?

   Vorschlag: ______________________________

2. Kennen Sie ein DIN-/Normteil, das für unseren Bedarf infrage kommen könnte und das die Kosten senkt?

   Vorschlag: ______________________________

3. Kennen Sie ein Substitutionsmaterial, das die Kosten senkt?

   Vorschlag: ______________________________

4. Sind Sie der Auffassung, daß Sie durch geringfügige Zeichnungsänderungen bzw. Änderungen der Bestellvorschriften wesentlich wirtschaftlicher fertigen könnten?

   Vorschlag: ______________________________

5. Würden Sie eine Änderung in der Oberflächenbehandlung empfehlen, die die Kosten senkt?

   Vorschlag: ______________________________

6. Können Sie Vorschläge zur Senkung der Verpackungs- bzw. Transportkosten machen?
   Welches wäre nach Ihrer Meinung für diese Ware der günstigste Transportweg?

   Vorschlag: ______________________________

7. Können Sie zu einem wesentlich günstigeren Preis anbieten, wenn wir eine andere Menge abnehmen?
   Welches wäre für Sie die wirtschaftlichste Losgröße?

   Vorschlag: ______________________________

Damit bei der Suche nach Möglichkeiten der Kostensenkung an alles gedacht wird, muß man mit Check-Listen (Frage-listen) arbeiten. Nachstehend eine derartige Check-Liste aus einem Unternehmen des Maschinenbaus:

Kosten senken – Frageliste

1. Welches sind die wesentlichsten Funktionen, die von dem Teil/Material erfüllt werden sollen?
2. Ist diese oder jene Funktion überflüssig?
3. Kann diese oder jene Funktion durch ein anderes Teil übernommen werden?
4. Lassen sich die wesentlichsten Funktionen auch mit anderen Materialien/Teilen erfüllen?
5. Ist geprüft worden, ob man Kunststoff verwenden kann?
6. Handelt es sich bei dem vorgeschriebenen Material um ein Material, das laut unserer Normenmappe vorrätig gehalten wird?
7. Ist das Material nach DIN oder nach Stahl-Eisen-Liste ausgewählt worden?
8. Ist die Bearbeitbarkeit bei der Auswahl des Materials berücksichtigt worden?
9. Ist das vorgeschriebene Blankmaterial (gezogener Stahl, geschliffener Stahl, kaltgewalzter Stahl) wirklich erforderlich?
   Läßt sich schwarzgewalztes Material verwenden, ohne daß die Bearbeitungskosten steigen?
10. Lassen sich die Bearbeitungskosten dadurch senken, daß anstelle von schwarzgewalztem Material Blank-material verwendet wird?
11. Gehört das Material zu den A-, B- oder C-Waren?
12. Kennen die Konstrukteure die Materialpreise?
13. Ist das Problem „Eigenfertigung–Fremdbezug“ – und umgekehrt – geprüft worden?
14. Lassen sich Preis oder Herstellkosten durch Änderung des Fertigungsverfahrens reduzieren?

15. Können Arbeitsgänge eingespart werden?
16. Können die Bearbeitungskosten durch Änderung der Form reduziert werden?
17. Ist die vorgeschriebene hohe Materialqualität wirklich notwendig?
18. Müssen die Toleranzen so eng sein?
19. Ist die vorgeschriebene Oberflächenbehandlung notwendig?
20. Ist eine andere Oberflächenbehandlung möglich?
21. Ist die vorgeschriebene Schichtstärke bei galvanischer Behandlung notwendig?
22. Läßt sich das Gewicht – z. B. durch Reduzierung der Wandstärke – verringern?
23. Können Durchmesser, Bohrungen, Gewicht oder Toleranzen noch vereinheitlicht werden?
24. Läßt sich durch Angleichung an Norm oder durch sonstige Vereinheitlichungen eine Kosten-/Preisreduzierung erreichen?
25. Läßt sich durch Angleichung an Norm oder durch sonstige Vereinheitlichungen die Anzahl der vorrätig zu haltenden Waren und damit die Höhe der Bestände reduzieren?
26. Ist für das Teil/Material eine umfassende Marktuntersuchung durchgeführt worden?
27. Haben die in Frage kommenden Lieferfirmen eine Funktionsbeschreibung bekommen?
28. Sind die in Frage kommenden Lieferfirmen aufgefordert worden, Vorschläge zur Kostensenkung zu machen?
29. Haben sich die Fachleute der in Frage kommenden Lieferfirmen schon einmal mit den Herren von Entwicklung, Konstruktion, Arbeitsvorbereitung, Fertigung und Verkauf über Kostensenkungsmöglichkeiten unterhalten?
30. Ist der Preis im Vergleich zu ähnlichen Teilen oder im Vergleich zur vorkalkulierten Herstellerkosten gerechtfertigt.
31. Sind Überlegungen über die optimale Bestellmenge angestellt worden?

32. Läßt sich der Preis durch langfristige Aufträge ohne zu großes Risiko reduzieren?
33. Lassen sich die Kontrollkosten durch besondere Vereinbarungen mit den Lieferanten reduzieren?
34. Lassen sich die Kosten dadurch reduzieren, daß in Zukunft montagefertige Teile anstelle von halbfertigen Teilen gekauft werden?
35. Lassen sich die Arbeiten in der Warenannahme, beim innerbetrieblichen Transport und im Lager durch Änderung der Verpackung erleichtern und dadurch die Kosten senken?
36. Lassen sich die Vorräte durch bessere Zusammenarbeit mit der Disposition und/oder durch Erziehung des Lieferanten zu Terminzuverlässigkeit reduzieren?
37. Kann der Abfall durch Änderung des Fertigungsverfahrens, durch Werkzeugänderung oder durch Änderung der Abmessung von Rohmaterial reduziert werden?
38. Läßt sich der Abfall anderweitig verwenden?

Die so gefundenen Möglichkeiten der Kostensenkung müssen systematisch in Form eines Vorschlags erfaßt werden. Ein einfaches Formular erleichtert dies (Beispiel = Seite 35).

Auf einen Blick kann man alles übersehen. Die Funktions-/Aufgabenbeschreibung, den Ist-Zustand, den Vorschlag, den Preis-/Kostenvergleich und die möglichen Einsparungen.
Für die Punkte 1., 2. und 3. ist absichtlich wenig Platz vorgesehen. Man zwingt sich dadurch, kurz und klar zu formulieren.
Es gibt Vorgänge, die bestehen nur aus einem Blatt, weil sie ohne weitere große Untersuchungen entschieden werden können. Es gibt Vorgänge, die werden einige Zentimeter dick, da man zur endgültigen Entscheidung viele Stellungnahmen und Angebote braucht und darüber hinaus langwierige Versuche notwendig sind.
Mit diesem primitiven Formular sagt man denen, die den Vorschlag prüfen oder entscheiden sollen: Ihr könnt für die Firma soundso viel pro Jahr pro Produkt sparen, wenn

KOSTEN SENKEN

Stufe

1 Funktionen – Aufgabenbeschreibung

lfd. Nr. ________

z. K.	z. E.

2 Ist – Zustand

3 Vorschlag

4 Preis- bzw. Kostenvergleich

5 Einsparungsmöglichkeiten

5.1 pro Jahr DM ________

Jahresbedarf ________

5.2 pro ________ DM ________

Nr. 296-11-30 866

Stand der Angelegenheit siehe Rückseite !

das, was hier vorgeschlagen wird, klappt. Überlegt Euch jetzt bitte ganz genau, ob dieser Vorschlag durchgeführt werden kann. Macht alle notwendigen Untersuchungen, es lohnt sich.
Durch Angabe der DM-Beträge, die eingespart werden können, wird jeder gezwungen, intensiv zu prüfen und verantwortungsbewußt zu entscheiden. Alle Vorschläge werden laufend numeriert, um sie besser überwachen zu können.

Die Vorschläge systematisch weiterbearbeiten

Man sollte sich immer wieder überlegen, wie bringt man einen Vorschlag am schnellsten und am sichersten zu einer – nach Möglichkeit positiven – Entscheidung? Solange es sich um wenige Vorschläge handelt, kann man in dem einen oder anderen Fall versuchen, Dinge von oben nach unten zu erzwingen oder die Entscheidung von unten nach oben zu lancieren. Wenn die Vorschläge zahlreicher werden, geht es auf dieser Basis nicht mehr.
Die Vorschläge müssen systematisch weiterbearbeitet werden. Im festgesetzten Turnus treffen sich – nach Möglichkeit immer am gleichen Tag im Monat, am gleichen Ort und um die gleiche Zeit – der zuständige Produktleiter aus dem Bereich Entwicklung/Konstruktion, der Leiter der Fertigung, der Leiter der Arbeitsvorbereitung, der Leiter des Einkaufs oder der Materialwirtschaft, der Leiter der Kostenrechnung und der Leiter des Verkaufs. Die Besprechungsteilnehmer haben in etwa die gleiche Stellung, den gleichen „Dienstgrad". Das erleichtert die Zusammenarbeit. Der Teilnehmerkreis ist auf die mit der Materie vertrauten Personen beschränkt. Eine größere Arbeitsgruppe würde zu viel verhandeln und zu wenig arbeiten.
Acht Tage vorher hat jeder Teilnehmer das Programm. Die Sitzung wird von einem Wertanalyse-Fachmann gesteuert, den man als Koordinator der Experten bezeichnen kann. So verschwendet man wenig Zeit. In diesen Besprechungen werden vorbereitete Alternativvorschläge diskutiert. Hier

wird festgelegt, was noch zu tun ist, um den Vorschlag entscheiden zu können. Hier werden aber auch Alternativvorschläge nach der Methode gesucht, daß jeder jeden Vorschlag machen kann, ohne daß diese Vorschläge von vornherein kritisiert und abgelehnt werden dürfen. Alle Vorschläge werden dann erfaßt, um daraus nach der bereits beschriebenen Methode einen Kostensenkungsvorgang zu machen.
Bei oder nach diesen Turnusbesprechungen ergibt sich Gelegenheit zu einem zwanglosen Gedankenaustausch. Dies trägt dazu bei, die mehr oder weniger vorhandenen Ressortmauern einzureißen. Dieser zwanglose Gedankenaustausch ist unerläßlich bei dezentral arbeitenden Führungskräften. Er fördert das ganzheitliche Denken und beseitigt psychologische Schwierigkeiten, bevor sie sich zu unüberwindlichen Hindernissen auswachsen.

Entscheiden

Entscheidungen müssen getroffen werden. Wieviel gute Vorschläge sind schon „versandet"? Wieviel Vorschläge sind – absichtlich oder unabsichtlich – so verzögert worden, daß man eines Tages nichts mehr damit anfangen konnte. Um dies zu verhindern, muß dafür gesorgt werden, daß möglichst bald, klar und schriftlich entschieden wird. Es sollte nur drei Entscheidungsmöglichkeiten geben: Ein klares „Ja", ein klares „Nein" mit ausführlicher Begründung und ein „Zurückstellen aus bestimmten Gründen bis zu einem bestimmten Termin".
Die Entscheidung fällt der zuständige Bereichsleiter.

Die Entscheidung realisieren

Die Entscheidung muß realisiert werden. Hierfür muß man systematisch sorgen, denn – Bürokratie kann sogar die Verwirklichung von Entscheidungen verhindern, mit denen die Kosten gesenkt oder verhindert werden können.

Kontrollieren

Es muß überprüft werden, ob das, was man erreichen wollte, auch erreicht worden ist. Zeigt sich nach einer gewissen Zeit, daß die geplante Kostenreduzierung erreicht oder sogar übertroffen worden ist, dann lassen sich durch derartige Beispiele auch diejenigen überzeugen, die bisher nicht aktiv und positiv mitgearbeitet haben. Stellt es sich heraus, daß das geplante Ziel nicht erreicht worden ist oder daß die Kosten sogar gestiegen sind – auch das kommt vor – dann muß diese Panne genauso sichtbar gemacht werden wie die Erfolge, damit man aus diesen Fehlern lernt.

Beispiele:

1. Materialänderung
   Im Wartezimmer einer Einkaufsabteilung sind u. a. mechanisch bearbeitete Stahlteile ausgestellt. Ein Besucher macht Vorschläge für 10 Teile zur Umstellung auf Zink.
   4 Vorschläge sind technisch nicht zu realisieren.
   3 Teile sind in Zink zu teuer.
   3 Vorschläge werden nach eingehender Prüfung akzeptiert.
   Kostensenkung pro Jahr: ca. 97 000,– DM bei einmaligen Werkzeugkosten in Höhe von ca. 18 000,– DM.
2. Materialänderung
   Angefragt werden 3 verschiedene Lager aus Sinterbronze. Im Anfrageformular wird der Anbieter aufgefordert, Vorschläge zu machen, die zu einer Kostenreduzierung führen könnten.
   Die 3 Lager werden je einmal in Sinterbronze und je einmal in Sinterferro angeboten. Bei 2 Lagern wird der Vorschlag abgelehnt. Das 3. Lager wird in Sinterferro akzeptiert.
   Kostensenkung: ca. 70%.

3. Vereinheitlichung – Änderung des Materials
Es werden 2 verschiedene Schubladen aus Holz mit verschiedenen Einsätzen verwendet.
Ein spezialisierter Unterlieferant entwickelt auf Anregung des Einkäufers eine einheitliche Schublade aus Kunststoff ohne Einsatz.
Kostensenkung: ca. 55%.
Weiterer Vorteil: es muß nur noch eine Ausführung vorrätig gehalten werden.
4. Entfeinerung – Änderung des Materials
In einer Feingießerei wird Ck 15 als Ausgangsmaterial verwendet.
Gespräche mit Lieferanten führen zu umfangreichen Versuchen und zur Umstellung auf C 15.
Kostensenkung seit Durchführung dieser Änderung: über 1 000 000,– DM.
5. Entfeinerung – Änderung des Materials
Zum Auffangen von Öltropfen werden Bleche aus kaltgewalztem Bandstahl MuSt 2 gefertigt. Das Material ist für die Funktion „Öl auffangen" viel zu teuer. Die Kostenuntersuchungen führen zur Umstellung auf billigeres, für die Funktion jedoch voll ausreichendes Material.
Kostensenkung: ca. 30%.
6. Materialänderung – Änderung des Fertigungsverfahrens
Ein Stirnrad aus Hartgewebe wird mechanisch verzahnt.
Besprechungen mit spezialisierten Unterlieferanten führen zur Umstellung auf Kunststoff fertigverzahnt gespritzt, obwohl sehr enge Toleranzen gefordert und hohe Ansprüche an das Material gestellt werden.
Kostensenkung: ca. 37 500,– DM/Jahr bei einmaligen Werkzeugkosten in Höhe von 5400,– DM.
7. Entfeinerung der Oberfläche
Ein kleines Teil ist bisher verchromt worden. Eine Überprüfung aller vernickelten Teile an diesem Produkt zeigt, daß die Funktionen von schwarzgefärbten Teilen voll erfüllt werden.
Kostensenkung: ca. 20 000 DM/Jahr.

8. Entfeinerung – Änderung der Toleranzen
Es werden Kugellager in hochgenauer Ausführung verwendet. Anregungen des Lieferanten führen zu Langzeiterprobungen von Kugellagern mit erhöhter Genauigkeit und zu Versuchen mit Kugellagern in handelsüblicher Ausführung. Ergebnis: Kugellager in P6-Ausführung erfüllen die Funktion.
Kostensenkung: ca. 440 000,– DM/Jahr.
9. Reduzieren von Gewicht und Materialstärke
Die Fragen: Ist die Materialstärke unbedingt notwendig?, Muß das Teil so schwer sein? bringen oft erstaunliche Ergebnisse. Mit reduzierter Materialstärke oder mit reduziertem Gewicht werden die wesentlichsten Funktionen voll erfüllt. Die dadurch erreichten Kostenreduzierungen sind – obwohl es sich nur um Reduzierung des Materialpreises handelt – erstaunlich hoch, auch wenn in diesem oder jenem Fall zusätzliche Kosten durch Änderung der Betriebsmittel und Werkzeuge entstehen.
10. Änderung des Fertigungsverfahrens
Ein Lieferant hat eine kleine Maschine auseinandergenommen, alle Verbindungsteile untersucht und dann Vorschläge zur Umstellung von gedrehter Ausführung in gepreßte Ausführung gemacht.
Ein großer Teil der Vorschläge konnte erst bei Neukonstruktionen realisiert werden. Trotzdem brachten die Vorschläge bei dem untersuchten Produkt schon beachtliche Kostenreduzierungen.
11. Konstruktionsänderung
Unter einer Tischplatte müssen Motoren befestigt werden. Hierfür werden u. a. 4 sog. Ensatz mit Stahl-Innen- und Außengewinde gebraucht.
Vorschläge eines Lieferanten führen dazu, daß das Innengewinde auf 50% der Länge reduziert, das Außengewinde von Stahl- auf Holzgewinde und das Herstellverfahren geändert wird.
Kostensenkung: ca. 70%.

12. Änderung der Konstruktion – Reduzierung der Teilenummern
Ein Gestelluntersatz besteht aus einer tiefgezogenen Blechkappe, einem Gummifuß, einem einfachen Stanzteil mit den dazugehörigen Schrauben.
Ein Lieferant wird über die zu erfüllenden Funktionen unterrichtet und gebeten, Alternativvorschläge zu entwickeln. Einer der vielen Vorschläge wird akzeptiert. Bei dieser Lösung gibt es keine tiefgezogene Blechkappe und kein einfaches Stanzteil mehr. 2 Teile sind weggefallen. Der Preis für das Gummiformteil bleibt fast unverändert. Dadurch eine Kostenreduzierung für den gesamten Gestelluntersatz um 50%. Außerdem einfachere Lagerhaltung und geringere Vorräte.

13. Änderung der Ausführung
Zum Aufbewahren und Transportieren eines Spielzeugs wird ein Koffer verwendet. Der Einkäufer läßt sich vom Lieferanten Vorschläge für diese Funktionen machen. Ergebnis: Anstelle des Koffers wird eine Tragetasche eingeführt.
Kostensenkung: ca. 45%.

14. Änderung der Ausführung
Ein Zubehörkästchen wird durch Minigrip-Beutel ersetzt.
Kostenreduzierung: ca. 85%.

15. Normung
Seit Jahren oder Jahrzehnten werden Schleifkörper in einer Breite von 460 mm gekauft.
Der Lieferant verlangt eine kräftige Preiserhöhung, da es sich bei 460 mm um eine Sonderanfertigung handelt. Eine Untersuchung im eigenen Betrieb ergibt, daß der 460 mm breite Schleifkörper schon immer in schmale Streifen gerissen wird, da man nur mit schmalen Streifen arbeiten kann.
Durch die Umstellung von 460 mm auf handelsübliche Breite gelingt es, die Preiserhöhung zu vermeiden und darüber hinaus den Preis sogar zu reduzieren.

16. Vereinheitlichung
4 verschiedene Teile für verschiedene Aggregate haben die gleichen Funktionen zu erfüllen.
Die Vereinheitlichung bringt eine einfachere Vorratshaltung, entsprechend geringere Vorräte und gleichzeitig eine Kostenreduzierung von ca. 19 000,– DM pro Jahr.
17. Vereinheitlichung
Schrauben werden in verschiedenen Oberflächenzuständen vorrätig gehalten – blank, braun, schwarz, vernickelt, verchromt, verkadmet.
Die Anzahl der Ausführungen wird reduziert. Dadurch einfachere Vorratshaltung, entsprechend geringere Vorräte und Kostenreduzierung durch größere Mengen je Ausführung.
18. Vereinheitlichung
Jede Vereinheitlichung, d. h. jede Reduzierung der Sortenzahl, bringt mehrere Vorteile. Die Losgrößen bzw. die Bestellmengen werden größer – dadurch ergeben sich Kosten- und Preisreduzierungen. Die Lagerhaltung wird einfacher – es werden nur noch weniger Material- oder Teilenummern gelagert, karteimäßig geführt, in der Datenverarbeitung gespeichert, tabelliert, disponiert usw. Der Wert der Vorräte reduziert sich automatisch.
Das gilt nicht nur für Teile, das gilt vor allem auch für die Roh-, Hilfs- und Betriebsstoffe bis zur Vereinheitlichung der Schmierpläne und der damit verbundenen Reduzierung der Sortenzahl von Ölen und Fetten.
19. Einführung einer besseren Qualität zu höherem Preis – dadurch Reduzierung der Kosten
Handwaschpaste wird aus einem großen Bottich lose ausgegeben. Schlechte Qualität – Paste trocknet ein – Verbrauch sehr groß. Eine bessere Qualität, die entsprechend teurer ist, führt zu geringerem Verbrauch. Kostensenkung: 1,– DM/Jahr pro Betriebsangehörigen.
20. Einführung von 2 Sorten anstelle von einer Ausführung – dadurch Reduzierung der Kosten

Bei einer Überprüfung der Einstandspreise für handelsübliche Werkzeuge stellt sich heraus, daß Kupferhämmer in Fäustelform und in einer Spezialform gebraucht werden. Es werden aber nur Hämmer in Fäustelform gekauft, die dann zu etwa 50% in der betriebseigenen Hammerschmiede umgeschmiedet werden. Das Umschmieden kostet mehr als ein neuer Hammer in Spezialform.

21. Erhöhung des Wertes, ohne daß die Kosten steigen
Ein Zusatzaggregat erfüllt die an dieses Aggregat gestellten Anforderungen nicht mehr. Der Wettbewerb hat ein voll funktionsfähiges Aggregat. Das führt dazu, daß die Kunden die Maschinen von Lieferanten A und die dazugehörigen Aggregate von Wettbewerb B kaufen. Das kann über kurz oder lang dazu führen, daß auch die Maschinen von B gekauft werden. In Zusammenarbeit zwischen Lieferanten, Einkäufern und Technikern gelingt es der Firma A, ein Zusatzaggregat zu entwickeln, das alle auf dem Markt befindlichen Aggregate übertrifft. Die Herstellkosten für dieses alle Funktionen erfüllende Aggregat sind nicht höher als die Herstellkosten für das veraltete Aggregat. Dadurch gelingt es der Firma A, den Umsatz an Maschinen nicht nur zu halten, sondern sogar zu erhöhen. Darüber hinaus gelingt es der Firma A, dieses Zusatzaggregat an Wettbewerbsfirmen zu verkaufen und dadurch den Umsatz noch einmal zu steigern.
Ergebnis: Der Gewinn konnte gehalten bzw. erhöht werden, ohne daß die Kosten gestiegen sind.

Eigenfertigung oder Fremdbezug?

Die Frage „Eigenfertigung oder Fremdbezug?“ darf nie außer acht gelassen werden. Wahrscheinlich ist dieses Problem für den Einkauf am schwierigsten. Unruhe entsteht, wenn Menschen im „altgewohnten Trott“ gestört werden und wenn Vorgesetzte einen Teil ihres Machtbereiches oder

gar ihren Machtbereich durch Umstellung auf Fremdbezug verlieren oder verlieren können. Meinungsverschiedenheiten entstehen, wenn es um die Entscheidung auf Grund des Kosten-/Preisvergleiches geht. Was soll man vergleichen? Einstandspreis mit vollen Herstellkosten? Einstandspreis mit Grenzkosten? Wie sind die Fertigungskapazitäten des eigenen Unternehmens ausgelastet? Wie wird die Kapazitätsauslastung in den nächsten Jahren sein? Welches Ziel verfolgt die Unternehmensleitung?
Trotz dieser Schwierigkeiten ist es Aufgabe des Einkaufs, durch Wettbewerbsangebote systematisch zu überprüfen, ob die Bereiche der Eigenfertigung noch wirtschaftlich arbeiten. Bei unwirtschaftlicher Eigenfertigung muß entweder dafür gesorgt werden, daß die Eigenfertigung durch Änderung des Fertigungsablaufs oder des Fertigungsverfahrens wieder wirtschaftlich gestaltet wird, oder man muß die Eigenfertigung einstellen. In beiden Fällen führt die Untersuchung des Einkaufs zum Erfolg für das eigene Unternehmen.
Die Arbeitsvorbereitung ist dafür verantwortlich, daß bei neu einzuführenden Teilen nicht automatisch für Eigenfertigung entschieden wird, ohne daß vorher über den Einkauf Angebote von spezialisierten Unterlieferanten beschafft worden sind.
Turnusbesprechungen, wie sie bei der Durchführung des systematischen Kostensenkungsprogramms erwähnt worden sind, bewähren sich bei der Bearbeitung aller Fragen, die mit dem Problem „Eigenfertigung oder Fremdbezug" zusammenhängen. An diesen Besprechungen nehmen der Chef der Fertigung, der Chef der Arbeitsvorbereitung, der Chef des Einkaufs und der Chef der Kostenrechnung teil. Die Entscheidungen trifft die Geschäftsleitung.
Man muß einfach begreifen, daß spezialisierte Unterlieferanten bestimmte Waren kostengünstiger fertigen können. Freiwerdende Kapazitäten werden dann für Produkte mit größerem Deckungsbeitrag genutzt — vielleicht sogar dadurch, daß man auf anderen Gebieten als spezialisierter Lieferant tätig wird.
Bei diesem Problem darf man nicht nur an die Fertigung den-

ken. Auf dem Gebiet „Dienstleistungen“ sind die gleichen Untersuchungen notwendig. Eigene Reinigungsdienste, eine eigene Müllabfuhr, eigene Reparatur- und Instandhaltungskolonnen sind heute bestimmt nicht mehr die kostengünstigsten Lösungen. Man muß also alle Dienstleistungen, die seit eh und je in eigener Regie durchgeführt werden, untersuchen – bis zum Kartoffelschälen in der Werksküche. Auch hier kann man auf „Einkauf von geschälten Kartoffeln“ umstellen.

Vorratshaltung

Die Probleme der Vorratshaltung sind nach den Grundsätzen der Wertanalyse zu untersuchen. Welche Aufgaben hat die Vorratshaltung zu erfüllen? Welches sind die wesentlichsten Aufgaben? Welche Alternativmöglichkeiten gibt es, um die wesentlichsten Aufgaben zu erfüllen? Was kosten diese Alternativlösungen?
Extrem einfach könnte man sagen: Es soll nie zu viel und nie zu wenig vorrätig sein. Es muß immer gerade so viel vorrätig sein, wie man im Augenblick braucht. Das wird zwar nie zu erreichen sein. Das ist aber das anzustrebende Ziel.
Für die Höhe der Vorräte ist die Materialwirtschaft voll verantwortlich, wenn die Funktionen der Disposition in der Materialwirtschaft eingegliedert sind. Aber auch wenn dies nicht der Fall ist, hat der Einkauf einen großen Teil der Verantwortung zu tragen, denn es ist seine Aufgabe, die Dispositionsbereiche über die Marktsituation und damit über die Lieferzeiten zu informieren, für Einhaltung der Liefertermine zu sorgen usw. Damit schafft der Einkauf die Voraussetzungen für eine optimale Disposition.
Die Unternehmensleitung hat auf Vorschlag der Materialwirtschaft und damit in Zusammenarbeit mit dem Leiter der Materialwirtschaft über die angewendeten Verfahren zu entscheiden. Die Unternehmensleitung hat in Zusammenarbeit mit dem Leiter der Materialwirtschaft die Vorräte zu planen und damit Ziele (Soll-Werte) vorzugeben.
Voraussetzung für eine Bestandsplanung sind Umsatz- und

Produktionsplan. Umsatz- und Produktionsplan bestimmen den Mengenplan für die zu beschaffenden Waren. Wichtig ist, daß die Leitung der Materialwirtschaft schon bei der Aufstellung von Absatz- und Produktionsplan – also bei der Programmplanung – eingeschaltet ist, denn nur aus dem Fertigungsplan lassen sich

- die Mengen der zu beschaffenden Waren ableiten – erst jetzt kann man wirklich disponieren;
- Berechnungen anstellen, ob die vorhandenen Kapazitäten des Betriebs ausreichen oder mehr von Eigenfertigung auf Fremdbezug umgestellt werden muß;
- Lagerveränderungen an Rohmaterial, Halbfabrikaten und Fertigprodukten schätzen.

Wesentlich einfacher läßt sich der Mengenplan für Roh-, Hilfs- und Betriebsstoffe aufstellen, die nach Verbrauch disponiert werden. Absatz- und Produktionsplan geben aber auch hier erste Hinweise auf zu erwartenden Mehr- oder Minderbedarf. Es empfiehlt sich, bei der Planung der nach Verbrauch zu disponierenden Roh-, Hilfs- und Betriebsstoffe die Mitarbeiter der Fertigung zu hören und aktiv an der Planung teilnehmen zu lassen, da sie den Bedarf aufgrund des zu erwartenden Beschäftigungsgrades am besten beurteilen können.

Mengenplanung ist Disposition. Aufgabe der Disposition ist es, eine zu hohe Kapitalbindung in den Vorräten zu vermeiden. Es darf kein Kapital verschwendet werden. Mit einfachen Zahlen ist den Mitarbeitern klarzumachen, was die Lagerhaltung kostet. Da man in der Bundesrepublik mit Lagerhaltungskosten von 15 bis 25% rechnet, betragen die Kosten für Vorräte im Wert von 1 Mio pro Jahr 150 000,– bis 250 000,– DM!

Ohne Ziele, die mit den Bereichsleitern abgestimmt sein müssen, wird es bei den Mitarbeitern an der notwendigen Initiative fehlen, werden die Möglichkeiten der Kostensenkung ungenutzt bleiben.

Bei der Disposition und damit bei der Mengenplanung spielt die Datenverarbeitung eine wichtige Rolle. Die maschinelle Bestandsrechnung wird in der Praxis die erste Stufe sein.

Daraus wird sich die maschinelle Bestands- und Bestellrechnung entwickeln lassen. Gleichgültig ob mit der Datenverarbeitung oder ohne die Datenverarbeitung – auf jeden Fall muß bei der Disposition die ABC-Methode angewandt werden.
Selbstverständlich werden immer wieder Fehler in der Disposition gemacht. Auf diese Fehler muß man die Verantwortlichen hinweisen, damit sie in Zukunft vermieden werden. In der Praxis hat sich folgender Hinweis auf 20 Grundsätze, die zu beachten sind, bewährt. Man braucht dann nur noch die Fehler, die in einem speziellen Fall gemacht worden sind, anzustreichen.
Sie beeinflussen unser Ergebnis! Sie entscheiden mit über Gewinn und Verlust! Denn Vorräte im Wert von z. B. 1 Million DM kosten uns pro Jahr ca. 200 000,– DM.
Beachten Sie daher bitte folgende Grundsätze:

1. Gehen Sie nie „in die vollen", ohne daß ausreichende Erfahrungen vorliegen!
2. Schätzen Sie die Verkaufs-Chancen neuer Produkte nicht zu optimistisch ein!
3. Unterrichten Sie die Disposition so früh wie möglich über das Programm! Das Programm muß zeitlich mit Lieferzeiten und Durchlaufzeiten übereinstimmen!
4. Unterrichten Sie die Disponenten so früh wie möglich über alle Änderungen! Hierzu gehören auch Änderungen der Arbeitszeit, des Personalstandes und der Personalzusammensetzung (Neueinstellungen).
5. Sorgen Sie dafür, daß für ein Produkt oder für ein Produktionsgebiet nur eine Stelle disponiert!
6. Beachten Sie bei der Disposition den Preis oder die Herstellkosten!
7. Disponieren Sie nach den Regeln der ABC-Methode!
8. Disponieren Sie nie ohne Stückliste!
9. Gehen Sie nicht „auf Nummer Sicher" aus Angst, daß irgendwann einmal irgend etwas passieren könnte!
10. Disponieren Sie nie aus Bequemlichkeit zu große Mengen!

11. Sorgen Sie dafür, daß keine Aufträge erteilt werden, um einen Lieferanten oder die Eigenfertigung „zu beschäftigen"!
12. Beachten Sie bei der Einführung neuer Produkte die noch vorhandenen Vorräte aus der bisherigen Produktion!
13. Der Disponent ist dafür verantwortlich, daß nichts fehlt. Der Disponent ist aber genauso dafür verantwortlich, daß Überbestände abgebaut und Lagerhüter beseitigt werden.
14. Melden Sie jeweils sofort alle Überbestände und Lagerhüter, die sich manchmal einfach nicht vermeiden lassen! Der erste Verlust ist der geringste Verlust. Vorräte und Überbestände auf keinen Fall tarnen oder verschweigen.
15. Sorgen Sie für eine einwandfreie Bestandsrechnung!
16. Vermeiden Sie Doppel- und Dreifachnumerierungen!
17. Vermeiden Sie Doppel- und Dreifachlagerungen!
18. Versuchen Sie, die Ungenauigkeiten, die bei langer Lieferzeit und bei langer Durchlaufzeit entstehen, durch größere Sorgfalt einzuschränken!
19. Erziehen Sie die Lieferanten und die Eigenfertigung zur Einhaltung der bestätigten Termine!
20. Überwachen Sie die Termine unter Beachtung der seit Auftragserteilung eingetretenen Änderungen! Keine schematische Terminüberwachung!

Für den Soll-Ist-Vergleich ist folgendes Formular zu empfehlen (Beispiel = Seite 49)

Überbestände und Lagerhüter werden sich auch bei guter Planung und guter Ausbildung der Disponenten nicht vermeiden lassen. Überbestände lassen sich aber mit der Zeit abbauen. Man muß immer die oben angegebenen Lagerhaltungskosten von 15 bis 25% bedenken.
Lagerhüter bringen viel höhere Verlustprozentsätze. Bemühungen zur Beseitigung von Lagerhütern lohnen sich, auch

PI	Budgetvorgabe und Soll/Ist-Vergleich 1972			Disp.bereich:
Vorrätegruppe: ______	Bezeichnung: ______			

	Budget	Ist	Abweichung	
	TDM	TDM	TDM	%
31. 12. 1970 Inventur				
31. 8. 1971				
31. 12. 1971 Inventur				
31. 1. 1972				
29. 2. 1972				
31. 3. 1972				
30. 4. 1972				
31. 5. 1972				
30. 6. 1972				
31. 7. 1972				
31. 8. 1972				
30. 9. 1972				
31. 10. 1972				
30. 11. 1972				
31. 12. 1972 vorläufig				
31. 12. 1972 Inventur				

wenn zusätzliche Kosten entstehen. Selbstverständlich müssen Aufwand und Ergebnis im richtigen Verhältnis stehen. Es empfiehlt sich, die Aufgabe zur möglichst wirtschaftlichen Beseitigung von Lagerhütern dem Bereich „Materialverwertung“ zu übertragen und mit einem Formular etwa folgenden Inhalts zu arbeiten (Beispiel = Seite 50).

Kosten verhindern

Die angedeuteten Möglichkeiten, mit denen die Materialwirtschaft zum Gewinn des Unternehmens beitragen kann, zeigen, daß heute die Zusammenarbeit der verschiedenen Bereiche eines Unternehmens nicht mehr genügt. Die technische Entwicklung ist zu rasant. Kaum ein Unternehmen

Lfd. Nr. ______________

Zur Ktn.	Zeichen
zck. an	

Achtung! L a g e r h ü t e r
==============================

Hier sind Lagerhüter im Wert von DM ______________ entstanden.

1. Konto-Nummer: ______________ Dispositionsbereich ______________

   Teile-/Material-Nummer ______________

   Kurzbezeichnung ______________

   Bestand am 31. Dezember 1967: ______________

   Preis bzw. Herstellkosten pro %: ______________

2. Laut Vorstandsbeschluß vom 9. 1. 1967 bittet EM um Beantwortung folgender Fragen bis spätestens ______________

   2.1 Kann dieses Teil/Material noch für den ursprünglich vorgesehenen Zweck aufgebraucht werden?

   Wenn ja, bis wann?

   2.2 Läßt sich dieses Teil/Material für andere, evtl. untergeordnete Zwecke aufbrauchen?

   Wenn ja, für welche?

   Bis wann?

   2.3 Läßt sich dieses Teil/Material nach Änderung oder Umarbeitung für andere, evtl. untergeordnete Zwecke verwenden?

   Wenn ja, für welche?

   Was kostet die Änderung bzw. die Umarbeitung?

   Bis wann?

   2.4 Können wir das Teil/Material verkaufen?

   2.5 Sollen wir das Teil/Material verschrotten?

Datum ______________

kann es sich leisten, auf allen Gebieten eine eigene Forschung zu betreiben. Daher ist es notwendig, die Zusammenarbeit der verschiedenen Bereiche des eigenen Unternehmens mit den Experten der spzialisierten Unterlieferanten über den Einkauf zu organisieren. Auf diese Weise wird die eigene Technik immer wieder mit dem technischen Fortschritt konfrontiert. So „kauft" man einen Teil des technischen Fortschritts kostenlos. Anregungen der aktiven Unterlieferanten führen zu bedeutenden Kostensenkungen und zur Verhinderung von Kosten, durch Konstruktionsänderungen, durch Materialänderungen, durch Entfeinerungen in Toleranz und Oberfläche, durch Normung und Typisierung, durch Vereinheitlichung und durch Änderung der Herstellverfahren.

Diese Erfolge lassen sich aber nur realisieren, wenn die Zusammenarbeit der verschiedenen Bereiche des eigenen Unternehmens mit den Lieferanten zu einer wirklichen Partnerschaft führt. Diese Partnerschaft setzt einen fairen Einkauf voraus. Die Firma, von der die Anregung gekommen ist, muß den Auftrag bekommen. Dann profitieren Kunde und Lieferant. Dann werden Kunde und Lieferant wirkliche Partner.

Zusammen mit den Lieferanten können Kosten verhindert werden, bevor sie entstehen. Die Techniker müssen den Einkauf schon im Stadium der Entwicklung und Konstruktion unterrichten und einschalten. Die Techniker sollen vom Einkauf nicht nur Angebote für das, was bereits konstruiert ist, anfordern. Die Techniker sollten dem Einkäufer sagen: „Wir brauchen für den und den Zweck etwas, das diese und jene Funktionen erfüllen soll. Wir denken uns die Sache so und so. Beschaffen Sie uns Angebote und Muster. Fragen Sie aber auch hierfür spezialisierte Unterlieferanten, ob es kostengünstigere und vielleicht elegantere Lösungen gibt."

Dadurch, daß den Technikern die zulässigen Kosten, die nicht überschritten werden dürfen, und der Termin für das fertigungsreife Produkt genau vorgeschrieben sind, werden sie veranlaßt – ja manchmal beinahe gezwungen – sich der Mithilfe spezialisiertr Unterlieferanten zu bedienen. Der Einkauf ist hier Mittler und Vermittler zwischen den tech-

nischen Bereichen des Unternehmens und den Erfahrungen und Kenntnissen der Fachleute vieler Spezialfirmen.
Die Initiative liegt bei den Technikern. Sie kennen die zu erfüllenden Funktionen. Sie müssen bereit sein, eine exakte Funktionsbeschreibung über den Einkauf an fremde Firmen zu geben. Sie müssen aber auch bereit sein, Vorschläge und Anregungen von draußen objektiv zu prüfen und evtl. zu akzeptieren.
Darüber hinaus kann der Einkauf durch eigene Initiative helfen, Kosten zu verhindern, wenn er die technischen Bereiche laufend über das unterrichtet, was die Einkäufer an technischen Neuigkeiten an Gesprächen mit Lieferanten, auf Messen und Ausstellungen, aus Zeitschriften und im Erfahrungsaustausch mit Einkäufern anderer Firmen erfahren. Auch wenn den Technikern viele Informationen über neue Werkstoffe, neue Fertigungsverfahren, über Erfahrungen und Forschungsergebnisse schon bekannt sind, fördert diese Initiative des Einkaufs die Zusammenarbeit mit der Technik.

Zusammen mit den Lieferanten kann der Wert eines Aggregats, der Wert eines Produktes erhöht werden, ohne daß die Kosten steigen. Unter Wert kann nur der Gewinn verstanden werden. Wenn an einem in Serie laufenden Produkt Änderungen vorgenommen werden müssen, um zum Beispiel nicht vom Markt verdrängt zu werden oder um bei diesem notleidenden Produkt aus den roten Zahlen herauszukommen, dann muß man genauso vorgehen wie bei der Entwicklung und Konstruktion neuer Produkte.
Die zu erfüllenden Funktionen müssen klar, zulässige Kosten müssen vorgegeben, der Termin muß fixiert sein. Die Techniker werden dann aus eigener Initiative auch den Einkauf einschalten, um die gesetzten Ziele zu erreichen. Es darf nicht vorkommen, daß etwas entwickelt, konstruiert, vorgestellt, geändert, wieder vorgestellt, noch einmal geändert, akzeptiert und freigegeben wird, um dann festzustellen, daß sich ein technisch hervorragendes Produkt von den Kosten her unter den gegebenen Marktbedingungen einfach nicht verkaufen läßt.

Wertanalyse und Lieferanten

Die Zusammenarbeit zwischen Kunden und Lieferanten gipfelt darin, daß Kunde und Lieferant das Produkt des Lieferanten gemeinsam nach den Richtlinien der Wertanalyse untersuchen. Hier ist viel psychologische Vorarbeit notwendig. Jedes Mißtrauen muß vorher ausgeräumt sein. Lieferant und Kunde müssen volles Vertrauen zueinander haben. Vorher muß klar vereinbart sein, nach welcher Methode die Untersuchungen durchgeführt werden sollen und in welchem Umfang die dabei erreichten Kostenreduzierungen dem Kunden und dem Lieferanten zugute kommen sollen. Eine derartige Zusammenarbeit setzt voraus, daß der Lieferant den größten Teil seiner Kalkulation – die Herstellkosten für die Teile, die er selbst fertigt und den Einstandspreis für die Teile, die er zukauft – offen auf den Tisch legt. Dann kommt es zu gemeinsamen Wertanalysesitzungen, an denen teilnehmen:

Vom Lieferanten der Verkaufs-Chef, der zuständige technische Fachmann aus Entwicklung/Konstruktion oder Arbeitvorbereitung, der Chef der Kostenrechnung und der Einkaufs-Chef.
Vom Kunden der Einkaufs-Chef, der zuständige Fachmann aus Entwicklung/Konstruktion oder Arbeitsvorbereitung und der Chef der Kostenrechnung.
In diesem oder jenem Fall werden weitere Fachleute aus anderen Bereichen notwendig sein. Interessant ist, daß hier der Einkaufs-Chef des Lieferanten und der Einkaufs-Chef des Kunden in einem Team zusammenarbeiten.
Bei der wertanalytischen Untersuchung eines Aggregats z. B. wird dann nach der ABC-Methode oder nach der „Teure-Teile-Liste“ gearbeitet. Alle Teile des Aggregats werden von der Funktion her untersucht. Die gemeinsam erarbeiteten Vorschläge werden systematisch erfaßt. Es wird festgelegt, wer die einzelnen Vorschläge weiterbearbeiten soll – der Lieferant oder der Kunde. Die Entscheidungen

werden gemeinsam vorbereitet. Die Entscheidung trifft der Lieferant.
Die so beim Lieferanten erzielten Kostenreduzierungen werden dem Kunden in Form von Preisnachlässen weitergegeben.
Im Abschnitt „Die Möglichkeiten der Kostensenkung systematisch suchen" ist dargestellt, daß man die Lieferanten aktiv in das Kostensenkungsprogramm einbauen kann, indem man von spezialisierten Lieferanten Anregungen und Vorschläge beschafft. Der Abschnitt „Mit den Lieferanten zusammen nicht notwendige Kosten verhindern bevor sie entstehen" zeigt, daß der Einkauf als Vermittler zwischen den Fachleuten des eigenen Unternehmens und den Spezialisten der Lieferfirmen sogar im ureigensten Monopolgebiet der Technik – in Entwicklung und Konstruktion – eine wichtige helfende Funktion hat. Die oben beschriebenen wertanalytischen Untersuchungen, die gemeinsam mit dem Lieferanten am Produkt des Lieferanten durchgeführt werden, führen zu Kostensenkungen beim Lieferanten und zu Preissenkungen für den Kunden.
Diese 3 Arten der Zusammenarbeit mit Lieferanten führen dazu, daß der Einkäufer einen Teil des technischen Fortschritts kostenlos einkauft, daß Lieferant und Kunde davon profitieren und daß damit der Grundstein für eine echte Partnerschaft zwischen Kunden und Lieferanten gelegt wird.
Diese Arten der Zusammenarbeit könnten aber noch viel weitergehende Konsequenzen haben. Die westdeutsche Industrie könnte dadurch wettbewerbsfähig bleiben oder werden. Die Industrie der westlichen Welt könnte sich dadurch einen Vorsprung verschaffen. Die Industrie der ganzen Welt könnte dadurch zum Wohl der Menschheit beitragen – denn eine Zusammenarbeit zwischen Kunden und Lieferanten sorgt dafür, daß weniger menschliche Arbeitskraft, weniger Kapital und weniger Material vergeudet und verschwendet werden.
Das ist die größte Aufgabe der Materialmanager in der Zukunft.

Die Zusammenarbeit mit der Technik

Zusammenarbeit Einkauf–Technik

Wir leben in einem Zeitalter des rasanten technischen Fortschritts. Dieser Fortschritt beruht auf Arbeitsteilung. Arbeitsteilung führt zu Spezialistentum. Spezialistentum kann zu reinem Ressortdenken führen.
Techniker sind Spezialisten. Auch die Mitarbeiter der Materialwirtschaft sind in den letzten Jahren immer mehr Spezialisten geworden. Bei beiden besteht die Gefahr des reinen Ressortdenkens. Die Gegensätze zwischen Technikern und Kaufleuten können neu entstehen oder stärker werden. Diese Gegensätze sind von großem Nachteil. Diese Gegensätze können ein Unternehmen zugrunde richten.
Es ist also notwendig, alles zu tun, um die Gegensätze abzubauen und zu einer wirklichen Zusammenarbeit von Materialwirtschaft/Einkauf und Technik zu kommen. Die Mitarbeiter der Materialwirtschaft und die Mitarbeiter der technischen Bereiche müssen gleichberechtigte Partner sein. Partnerschaft setzt voraus, daß man den anderen anerkennt, daß man die Leistungen des anderen kennt, daß man den anderen achtet. Partnerschaft setzt aber auch voraus, daß jeder auf seinem Gebiet vergleichbare Leistungen vollbringt.

Warum ist es oft so schwierig, die Wertanalyse von der Materialwirtschaft her zu praktizieren?

> Liegt es daran, daß die notwendigen Untersuchungen der Materialwirtschaft als unwillkommene Einmischung in andere Bereiche gewertet und als Besserwisserei aufgefaßt werden? Kostendenken ist nun einmal ganzheitliches Denken über die Grenzen des Ressorts hinaus!

Liegt es nur daran, daß diese oder jene Unternehmensleitung nicht einsieht oder nicht einsehen will, daß die Materialwirtschaft viele Möglichkeiten der Kostensenkung hat

und beträchtlich zum notwendigen Gewinn des Unternehmens beitragen kann?
Liegt es daran, daß man liebgewordene Gewohnheiten beibehalten will, daß man niemandem weh tun will? Koste es was es wolle! Wollen also irgendwelche Personen aus Prestigegründen nicht mitspielen?
Ist der Einkäufer vielleicht froh, wenn er die Schuld daran, daß irgend etwas fehlt, an eine andere Stelle, z. B. an die nicht zur Materialwirtschaft gehörende Disposition, abschieben kann?
Sind die Einkaufs-Chefs vielleicht zu bequem, um noch etwas dazuzulernen? Oder wollen die Einkaufs-Chefs die Verantwortung für so viele Dinge einfach nicht übernehmen?

Das würde bedeuten, daß diese Einkaufs-Chefs fehl am Platze sind. Denn von den leitenden Personen in der Materialwirtschaft muß man erwarten,
daß sie verantwortungsfreudig und verantwortungsbewußt sind;
daß sie Initiative und Ideen entwickeln;
daß sie eine Portion Phantasie haben, ohne Phantasten zu sein;
daß sie unternehmerisch denken und handeln.
Allerdings müssen die in der Materialwirtschaft tätigen Personen – vor allen Dingen die leitenden Personen – im richtigen Augenblick das Richtige tun und dabei auch etwas Glück haben.
Die Zusammenarbeit der Materialwirtschaft mit den technischen Bereichen ist unerläßlich.
Was erwarten die Techniker vom Einkäufer? Diese Frage wird nachstehend von Herrn Dr. Kluge, Dipl.-Ing. und Mitglied des Vorstandes der SEL, behandelt, der auf dem Internationalen Einkäufer-Kongreß 1970 in Kopenhagen hierzu folgendes gesagt hat:
„Der Einkäufer begegnet dem Ingenieur hauptsächlich in 3 Stufen. In der Entwicklung und Konstruktion, in der Produktion und in der Qualitätssicherung.“

„Entwicklung“

Die rechtzeitige, laufende Beteiligung des Einkaufs im Entwurfsstadium eines neuen Erzeugnisses ist von größter Wichtigkeit für eine optimale Kostenstruktur. Der Einkauf kann und soll hier dem Entwurfsingenieur helfen, indem er

- ihn über neue Stoffe und Produkte informiert,
- ihm Muster und Konkurrenzfabrikate beschafft,
- kostengünstigere Alternativen für eine Problemlösung vorschlägt,
- auf Verwendung von Normteilen hinwirkt,
- zu den Anforderungen des Ingenieurs an Qualität und Toleranzen kritisch Stellung nimmt,
- Beiträge der Lieferanten zur Problemlösung vermittelt.

Der Einkäufer wird diesen Anforderungen nur entsprechen können, wenn er als Facheinkäufer

- die Sprache des Ingenieurs versteht,
- weltweite Marktkenntnisse hat,
- so weit technisch interessiert und informiert ist, daß er die Angemessenheit von Qualitäts- und Toleranzforderungen beurteilen kann – einschließlich der Kostenkonsequenzen.

Die Betonung technischer Qualifikation hat dazu geführt, daß es in sehr entwicklungsintensiven Unternehmen wie Raumfahrt und Elektronik spezielle Einkaufsgruppen oder wenigstens Verbindungsleute des Einkaufs für die Entwicklung gibt. Das kann gut sein, kann aber auch zu wirtschaftlichen Nachteilen führen.

Produktion

In der Zusammenarbeit mit der Produktion liegt in der Regel die quantitativ wichtigste Aufgabe des Einkaufs. Hier besteht die Möglichkeit, aber auch die Gefahr der Routine. Primär muß der Einkäufer den rechtzeitigen Eingang der Stoffe zu niedrigsten Gesamtbeschaffungskosten sicherstellen; er muß die Lagerkosten durch optimale Bestellmengen minimieren; gleichzeitig das Risiko vermeiden, daß wichtiges Material fehlt; er muß Anstoß und Begründung für Beschaffung anstelle von Eigenfertigung geben. Der Einkäufer soll den Fabrikingenieur über neue Maschinen, Verfahren und Speziallieferanten unterrichten; er soll auch das Preisniveau der Konkurrenz beobachten und Gefahren, die vom Markt her drohen, frühzeitig signalisieren.

Hier erwartet der Techniker vom Einkäufer
- unabhängiges Fachurteil über die Qualifikation der Lieferanten;
- Beobachtung der weltweiten Preisentwicklung einschließlich ihrer Zukunftstendenz;
- überdurchschnittliche logistische Fähigkeiten und Flexibilität;
- betriebswirtschaftliche Grundkenntnisse für die Auswertung der Kriterien für make- or buy-Entscheidungen und für die Analyse von Kalkulationen im Hause von Lieferanten (z. B. Mengen-Preis-Relation, Lernkurve, ökonomische Losgrößen).

Qualitätssicherung

In Zusammenarbeit mit dem Qualitäts-Sicherungswesen muß der Einkäufer
- maßgeblich bei der Lieferantenauswahl nach Qualitätsgesichtspunkten sein;
- die laufende Lieferantenbeurteilung durchführen;
- dem Lieferanten Information oder Schulung auf dem Qualitätsgebiet vermitteln;
- gegebenenfalls die Prüfung zum Lieferanten verlagern, auch die damit verbundenen Kosten;
- nur einwandfreie Ware in das Fabriklager lassen;
- Reklamationen zügig und juristisch einwandfrei abwickeln.

Um diesen Aufgaben genügen zu können, muß der Einkäufer:
- die Bedeutung der Qualitätsvorschriften verstehen;
- wichtige Instrumente der modernen Q-Sicherung, wie

z. B. statistische Prüfmethoden, Q-Diagramme, vendor certificates, Informationsrückkoppelung nach ihrem Anwendungsbereich kennen."

Was erwarten die Einkäufer von den Technikern?
Hierzu hat Kluge auf dem bereits erwähnten Einkäuferkongreß gesagt:

„Der Ingenieur soll die volle Zuständigkeit und alleinige Verantwortung des Materialwirtschaftlers für das ‚Wie' des Beschaffungsvorgangs respektieren. Ich weiß, daß ich mit dieser Forderung an ein Problem rühre, das in fast allen entwicklungsintensiven Unternehmen heiß umstritten ist. Vermutlich gehen 75% aller Reibungen zwischen Einkauf und Konstruktion auf dieses Konto. Um so wichtiger ist es, daß die Geschäftsleitung in dieser Frage eindeutige Richtlinien aufstellt und deren Einhaltung durchsetzt. Andernfalls treten neben dem wirtschaftlichen Nachteil von Kosten- und Terminüberschreitungen auch solche psychologische Schäden wie Frustrierung und Verlust an Glaubwürdigkeiten auf seiten des Einkaufs ein. In meinem Hause hat der Leiter des Zentraleinkaufs kürzlich mit etwa 30 Linieneinkäufern eine Gruppendiskussion über das Thema ‚Alleingänge der Ingenieure' veranstaltet. Was dabei an Gründen angeführt wurde, mit denen Entwicklungsingenieure ihre regelwidrigen Alleingänge zu rechtfertigen suchten, wäre belustigend, wenn es nicht so gefährlich wäre. Meine Reaktion gegenüber dem Einkaufs-Chef war die Aufforderung, die Ausreden der Ingenieure positiv zu verwerten, nämlich als deutliche Herausforderung an die Einkäufer, durch besseren, d. h. sachverständigeren und schnelleren Service jeden Anreiz für einkäuferische Alleingänge der Ingenieure zu beseitigen. Letztlich muß der Einkäufer, der sich als beschaffenden Briefträger mißbrauchen läßt, einen Teil der Schuld daran auch bei sich selbst suchen.

Der Entwurfsingenieur soll im Entwicklungsstadium für die Beschaffung nicht Erzeugnisse oder gar Hersteller vorschreiben, sondern Problemstellungen nach Funktion, Qualität, Kosten und Termin spezifizieren. Wenn aber bestimmtes

Material spezifiziert wird, dann sollten auch zulässige Alternativen angegeben werden. Nur dann hat der Beschaffer ausreichenden Handlungsspielraum für optimale Ergebnisse.

Der Entwicklungsingenieur darf nicht nur funktionsbewußt, sondern muß in gleichem Maße auch kostenbewußt sein.

D. h. daß seine Konstruktion

– beschaffungsgerecht (Normen, universale Standardbaugruppen verwenden),
– fertigungsgerecht (neueste Stoffe, Methoden, automatisierbare Verfahren),
– verbrauchergerecht (sicher, formschön, wartungs- und transportgeeignet)

sein muß.

Der Einkauf mit seiner intimen Marktkenntnis kann hier sicher manchen hilfreichen Rat bieten.

Der Entwickler darf nicht nur in Geräten und Einzelprodukten denken, da sein Erfolg heute zunehmend davon abhängt, wie diese Hardware zu wirksamen Gesamtsystemen zusammengefaßt werden kann. Der Kunde braucht Problemlösungen, nicht Spielzeug.

Der Entwickler muß alle Informationen, die besonders der Einkauf vom Markt der Beschaffungsgüter und auch dem der Konkurrenzfabrikate herbeischafft, laufend sogfältig auswerten. Als wünschenswert erscheint hier eine gut organisierte, ständig auf dem laufenden gehaltene Datenbank als gemeinsame, objektive Arbeitsgrundlage für Einkauf und Entwicklung.

Wenn der Ingenieur hier immer nur als der Entwickler und Konstrukteur angesprochen wurde, so deshalb, weil im Entwurfsstadium fast 80% aller Entscheidungen über die Kostenstruktur des Produktes fallen, weil hier die eigentlich kreativen Beiträge vom Einkauf zu leisten sind, die auch in Zukunft nicht – wie die Routine der Produktion – durch elektronische Datenverarbeitung wird abgelöst werden können."

Kluge hat die Aufgaben des Einkaufs und die Aufgaben der Technik wie folgt gegenübergestellt:

Aufgaben des Einkaufs	**Aufgaben der Technik**

Stufe I — Entwicklung und Konstruktion

Informiert über neue Stoffe und Produkte. Beschafft Muster und Konkurrenzfabrikate. Schlägt kostengünstigere Alternativen vor. Drückt auf Verwendung von Normteilen. Nimmt kritisch Stellung zu Anforderungen an Qualität und Toleranzen. Vermittelt Beiträge des Lieferanten zur Problemlösung.	Entwickelt neue oder verbessert bestehende Erzeugnisse bezügl. Funktion und Kosten. Muß gelegentlich im Interesse des Fortschritts die (engen) Grenzen der Normung überschreiten. Erstellt vollständige und eindeutige Dokumentation für Herstellung des entwickelten Produkts und für die Beschaffung von Stoffen und Teilen (Lieferspezifikationen).

Besondere Anforderungen an Einkäufer: Muß als Facheinkäufer Sprache des Ingenieurs verstehen; weltweite Marktkenntnisse haben; ausreichend fachlich qualifiziert sein, um Angemessenheit von Qualitäts- und Toleranzforderungen zu beurteilen. Technische Grundkenntnisse und techn. Interesse erforderlich.

Stufe II — Fertigung

Informiert über neue Maschinen, Verfahren und Speziallieferanten. Weist nach, wenn Produkte führender Konkurrenten billiger als eigene Herstellungskosten. Gibt Anstoß und Begründung für buy statt make. Stellt rechtzeitigen Stoffeingang zu niedrigsten Ge-	Plant Methoden und Prozesse. Erstellt Standardkalkulation der Herstellkosten. Plant Fabrikkapazität und deren Auslastung. Fertigt nach vereinbartem Mengen-Terminprogramm. Sorgt für Einhaltung oder Unterschreitung der Standard-Herstellkosten. Stellt flexible Reaktion bei

samtbeschaffungskosten sicher. Minimiert Lagerkosten durch optimale Bestellmengen.

Änderungen an Programm und/oder Erzeugnis sicher.

Besondere Anforderungen an Einkäufer: Unabhängiges Fachurteil über die Qualifikation der Lieferanten. Kenntnis der weltweiten Preisentwicklung einschl. Zukunftstendenz; Beherrschung der Kriterien für make or buy-Entscheidungen. Betriebswirtschaftliche Grundkenntnisse für Analyse von Kalkulation im Hause und bei Lieferanten, z. B. Mengen-Preis-Relation, Lernkurve, ökonomische Losgrößen.

Stufe III – Qualitätssicherung

Ist maßgeblich bei Lieferantenauswahl. Sorgt für laufende Lieferantenbeurteilung. Vermittelt Information oder Schulung des Lieferanten auf dem Qualitätsgebiet. Verlagert gegebenenfalls Prüfung zum Lieferanten. Läßt nur einwandfreie Ware an Fabriklager nehmen. Wickelt Reklamationen ab.

Definiert funktional wichtige oder vom Markt geforderte Eigenschaften des Erzeugnisses. Sorgt für eindeutige quantitative Fixierung von Q-Anforderungen in Liefer- und Fertigungsvorschrift. Plant Kontrollmethoden in allen Fertigungsstufen einschl. Wareneingang oder bei Lieferanten. Überwacht Revisions- und Prüfarbeiten. Analysiert Fehlursachen und sorgt für Abhilfe. Vertritt das Kundeninteresse bei Endprüfung.

Besondere Anforderungen an Einkäufer: Muß als Partner der Qualitätssicherung die Bedeutung der Q-Vorschriften verstehen; soll wichtige Instrumente der modernen Q-Sicherung wie statistische Prüfmethoden, Qualitätsdiagramme, vendor certificates, Informationsrückkopplung nach Anwendungsbereich kennen."

Soll man immer wieder die Techniker und die Kaufleute gegenüberstellen? Was unterscheidet nach herkömmlicher Anschauung diese beiden Berufsgruppen voneinander?

Der Techniker –
neigt zur Perfektion;
bringt immer neue Ideen, sucht neue und elegantere technische Lösungen – das kann zu einem technischen Spieltrieb ausarten;
möchte vielleicht auch bei den Vorräten auf Nummer Sicher gehen;
übertreibt manchmal alles, was mit der Qualität zusammenhängt.

Der Kaufmann –
sieht in erster Linie die Wirtschaftlichkeit;
fragt nach Aufwand, Kosten, Preis und Absatzchancen;
läßt seinem kaufmännischen Spieltrieb freien Lauf;
will die Vorräte auf ein Minimum reduzieren;
übertreibt alles, was mit dem Preis und den Kosten zu tun hat.

Durch die sich bei dieser Anschauung ergebenden Spannungen wird viel menschliche Energie vergeudet. Diese Spannungen führen zu Verlusten für das Unternehmen.

Man muß also die hier wiedergegebenen Anschauungen revidieren. In die Arbeits- und Stellenbeschreibung des Technikers gehört die Verantwortung für die Kosten. In die Arbeits- und Stellenbeschreibung des Kaufmanns muß die Verantwortung für die technischen Dinge des Bereichs aufgenommen werden.

Die weltweite Konkurrenz zwingt hierzu. Es muß gleichgültig sein, wer entscheidet. Es sollte auch vollkommen gleichgültig sein, „wer die Blumen bekommt". Wichtig ist nur, daß zum Besten der eigenen Firma entschieden wird.

Die Unternehmen mit der besten Zusammenarbeit werden den immer härter werdenden Konkurrenzkampf am besten überstehen. Voraussetzung für ein erfolgreiches Kostensenkungsprogramm ist eine reibungslose, vertrauensvolle Zusammenarbeit mit der Technik des eigenen Hauses und ein guter Erfahrungsaustausch mit den Lieferanten. Die in der menschlichen Natur liegenden Barrieren – Angst vor der Aufdeckung einer unzulänglichen Arbeitsweise, Angst vor Prestigeverlust, träges Beharrungsvermögen, Erfahrung als Bremse jeglichen Fortschritts – sind zu überwinden. Psychologisches Fingerspitzengefühl ist notwendig.

Der Begriff „Zusammenarbeit“ wird oft falsch verstanden. Nach der Methode „Wenn Du mich in meinem Ressort in Ruhe läßt, dann lasse ich Dich auch in Ruhe“ geht es nicht. Zusammenarbeit ist nur möglich, wenn Tatsachen klar dargelegt und Fragen ohne Rücksicht auf Personen offen gestellt werden. Aus harten aber sachlichen Diskussionen entstehen dann Entscheidungen, an die sich jeder – auch der, der anderer Meinung ist – halten muß, da nur so das gemeinsame Ziel zu erreichen ist. Damit ist gesagt, daß Zusammenarbeit nicht immer bequem ist. Zusammenarbeit verlangt, daß man in diesem oder jenem Fall über seinen Schatten springen muß. Ehrenhafte aber falsche Gutgläubigkeit, Gewohnheiten, Voreingenommenheiten und massiver Widerstand gegen jede Veränderung müssen überwunden werden.

Zusammenarbeit setzt voraus, daß jeder die Tätigkeit und das Aufgabengebiet des anderen kennt. Zusammenarbeit setzt aber auch voraus, daß jeder sein Handwerk beherrscht. Der Führungsstil muß auf Zusammenarbeit abgestellt sein und die Zusammenarbeit garantieren. Jeder Bereichsleiter ist auf seine Mitarbeiter angewiesen. Die Leistung seiner Mitarbeiter ist zugleich die Leistung des Bereichsleiters. Starke Persönlichkeiten machen aus ihren Mitarbeitern oft eine verschworene Gemeinschaft, die durch dick und dünn zusammenhält. Das kann dazu führen, daß nur noch die Ziele des Bereichs, nur noch die Ziele des Ressorts gesehen werden und damit vielleicht sogar gegen die ganzheitlichen Ziele des Unternehmens gearbeitet wird. Es ist gefährlich, wenn der Leiter des Bereichs seine Mitarbeiter immer und in allen Dingen verteidigt. Verteidigen um jeden Preis gefährdet die Zusammenarbeit der Bereiche. Fragen und Feststellungen dürfen nicht als Angriffe aufgefaßt werden. Es geht nicht darum, Schuldige zu suchen und zu finden. Es geht einzig und allein darum, Schwachstellen und Fehler zu erkennen, sofort abzustellen und damit nicht notwendige Verluste in Zukunft zu verhindern.

Die hier angedeuteten Fehler, die jede Zusammenarbeit lahmlegen können, dürfen auf keinen Fall vom obersten Management, d. h. bei unserem Thema vom Leiter der Materialwirtschaft gemacht werden. Die Persönlichkeiten in der obersten Ebene sind für das Ganze verantwortlich. Ressortdenken in der obersten Ebene kann für das Unternehmen tödlich sein.

Nichts ist 100%ig! Nicht alles klappt so, wie man es sich wünscht. Auch in der Zusammenarbeit zwischen der Materialwirtschaft und den anderen Bereichen des Unternehmens wird nicht immer alles ideal sein. Aus diesen Gründen ist eine Liste von Wünschen formuliert worden, die sich zur Verteilung an die leitenden Mitarbeiter in allen technischen Bereichen eignet:

Wünsche der Materialwirtschaft an die Technik:

1. Unterrichten Sie bitte den Einkauf in allen Bedarfsfällen so früh wie möglich. Nur dann kann der Einkäufer preisgünstig und termingerecht kaufen.
2. Fordern Sie bitte im Einkauf nur die Mengen an, die Sie bestimmt brauchen. Vorsicht, Lagerhüter!
3. Fordern Sie nur das in größeren Mengen an, was bereits erprobt ist und sich bewährt hat. Bei neuen Dingen nicht gleich „in die vollen gehen“.
4. Füllen Sie bitte die Bedarfsmeldung vollständig aus. Machen Sie bitte klare technische Angaben.
5. Bei Neukonstruktionen sollten Sie den Einkauf von Anfang an einschalten. Fordern Sie nicht nur Muster an, die Sie erproben sollen, sondern sagen Sie dem Einkäufer bitte: „Wir brauchen etwas für den und den Zweck, das diese und jene Funktion erfüllen soll. Wir denken uns die Sache so und so. Beschaffen Sie uns die

und die Muster. Fragen Sie aber auch andere Lieferanten nach anderen Vorschlägen."

6. Legen Sie sich bitte bei Ihren Konstruktionen nicht auf bestimmte Fabrikate fest. Wenn Sie dem Einkauf bestimmte Fabrikate vorschreiben, können die Möglichkeiten des „großen Marktes" nicht ausgenutzt werden. Oft entstehen auch Beschaffungsschwierigkeiten.
7. Vermeiden Sie bitte alle unnötigen Funktionsreserven. Stellen Sie bitte keine überspitzten Qualitätsanforderungen.
8. Verwenden Sie bitte möglichst Normteile oder handelsübliche Waren. Sonderwünsche kosten Zeit und Geld.
9. Unterrichten Sie bitte den Einkäufer rechtzeitig über alle beabsichtigten Programmänderungen und alle geplanten Konstruktionsänderungen.
10. Führen Sie bitte keine Einkaufsgespräche, ohne daß die Einkäufer dabei sind. (In Ausnahmefällen bitte den Leiter des Einkaufs sofort unterrichten.)
11. Machen Sie den Lieferanten bitte keine Zusagen.
12. Behandeln Sie bitte alle Dinge vertraulich, die mit Preisen und Geschäftsverbindungen zu Lieferanten zusammenhängen.
13. Für den gesamten Schriftverkehr mit Lieferanten und mit Firmen, die uns vielleicht einmal beliefern werden, ist der Einkauf zuständig.
14. Besuchen Sie bitte unsere Lieferanten und Firmen, die uns vielleicht einmal beliefern werden, nur nach vorheriger Rücksprache mit dem Leiter des Einkaufs.
15. Melden Sie der Materialwirtschaft bitte alles (Material, Teile, Werkzeuge, Einrichtungen, Maschinen, Transportgeräte usw.), was Sie zur Zeit oder überhaupt nicht mehr brauchen.

Organisation

Die beim systematischen Kostensenkungsprogramm erwähnten Fragen nach Funktion und Aufgabe stellen sich

nicht nur für Material, Teile und Produkte, sondern auch für die Menschen, für die Mitarbeiter.
Um die Kostensenkungsmöglichkeiten bei den Personalkosten zu finden, muß das gleiche Frageschema angewendet werden wie bei den Produktkosten:

Welche Aufgaben hat der Mitarbeiter zu erfüllen?
Welches sind die wesentlichsten Aufgaben?
Welche Alternativmöglichkeiten gibt es, die wesentlichsten Aufgaben zu erfüllen?
Was kosten die verschiedenen Alternativmöglichkeiten?

Oft wird sich dann herausstellen, daß Arbeiten vollkommen überflüssig sind, daß also ein Mitarbeiter überhaupt keine Aufgaben zu erfüllen hat. In anderen Fällen wird sich zeigen, daß eine Arbeit im Unternehmen doppelt und dreifach gemacht wird, ohne daß man das überhaupt gemerkt hat. Für viele wirklich notwendige Tätigkeiten wird sich eine zweckmäßigere und damit kostengünstigere Alternativlösung finden lassen.
Man sollte immer fragen: Was kann passieren, wenn eine Arbeit überhaupt nicht mehr gemacht wird? Oft passiert gar nichts.
1970 ist im FI-Dienst 06/70 folgendes Untersuchungsergebnis veröffentlicht worden:

14% aller Statistiken wurden von niemandem gelesen;
32% aller Statistiken waren überflüssig;
65% aller Schreibtexte waren durch Kurzfassung oder/und Verwendung von Formularsätzen einzusparen;
23% aller Arbeitsgänge wurden doppelt verrichtet;
11% aller Arbeitsgänge wurden sogar dreifach ausgeführt.

Organisation kann – wie alles Lebendige – nicht einheitlich sein. Sie wird – wenn auch nach gleichen Erkenntnissen gedacht – unterschiedlich sein müssen.
Träger jeder Idee und ihr Gestalter ist der Mensch. Deshalb ist auch der Aufbau einer Organisation nur dann sinnvoll, wenn der Mensch mit seinem Wollen und Können, seinen Fähigkeiten diese Organisation mit Leben füllt, ihr dient und sie benützt zu seiner Erleichterung und seinem Fortschritt.

Die Verbindung von Mensch und Vorgängen muß so geordnet werden, daß der Zweck bestmöglich erfüllt, das Ziel erreicht wird.

Erst muß eine Grundeinteilung der Menschen getroffen werden, dann muß die zu bewältigende Arbeit zweckmäßig aufgegliedert und verteilt werden.

Die arbeitsteilige Welt zwingt zu einem wendigen Austausch von Spezialkenntnissen und -fähigkeiten. Planung in unserem Industriezeitalter erfordert ein hohes Niveau an spezialisiertem Können.

Wer organisieren will, muß Informationen richtig anwenden und auswerten können, damit er die Arbeit der Spezialisten wieder zu einem Ganzen sinnvoll zusammenfassen kann.

Man empfindet instinktiv richtig, daß mit Planung und Durchorganisation eines Betriebes nach Grundsätzen der Wirtschaftlichkeit das Verhalten des einzelnen kontrolliert wird.

Wir sind angewiesen auf eine straffe und zielstrebige Organisation, die aus einer bis ins einzelne gehenden Information über den Unternehmensaufbau und den Arbeitsablauf entsteht.

Wir sind angewiesen auf eine genau aufgegliederte und unfrisierte Kosteninformation.

Wir müssen in notwendigem Maß über künftige Pläne und Ziele der Unternehmensleitung rechtzeitig und wahrheitsgemäß informiert sein.

Das Wirtschaftssystem, in dem wir leben, wird auch geprägt von der „Wirtschaftsgesinnung", d. h. der seelischen Einstellung des Menschen zu seiner Arbeit und seinem Arbeitsplatz. In unserer Industriewelt gilt weiterhin das Streben des einzelnen nach Gewinn, nach dem besten Lohn für erbrachte Leistung. Man muß daher vor allem als Organisationsprinzip den richtigen Mann an den richtigen Arbeitsplatz bringen, damit die Arbeit ihm Freude macht, seinem Leistungsvermögen entspricht und somit für das Unternehmen und ihn selbst den bestmöglichen Erfolg bringt.

Richtlinien – Arbeitsanweisungen

Deshalb: einfache, zweckmäßige, straffe und zielstrebige Organisation, auch in den Bereichen der Materialwirtschaft und in den Bereichen, mit denen die Materialwirtschaft besonders intensiv zusammenarbeitet.

Das Ziel jeder Organisation ist die zweckmäßigste Gestaltung aller Vorgänge, der zweckmäßigste Einsatz von Mensch, Material, Maschine und Kapital!

Das bedeutet für die Personen, die für die Materialwirtschaft verantwortlich sind:
die zweckmäßigste Gestaltung
der Disposition,
des Einkaufs,
der Materialverwaltung,
der Materialverwertung.

In Arbeitsanweisungen oder Richtlinien ist der zweckmäßigste Arbeitsablauf für alle Arbeiten, die sich wiederholen, festzulegen. Bei einer zweiten Art handelt es sich um Check-(Frage-)Listen – evtl. mit Ausführungsbestimmungen.

Zur Erläuterung nachstehend aus einer Arbeitsanweisung „Beschaffung von Investitionsgütern" die Punkte, die zu beachten wichtig sind:

Genauer Bestelltext (evtl. Kurztext, wenn nach Angebot bestellt werden kann), genaue technische Spezifikation des Bestellgegenstandes bzw. der zu bestellenden Leistung;
Preis – Sicherung von Vorauszahlungen;
Zahlungsbedingungen;
Fracht;
Verpackung;
Versicherung;
Garantie;
Stellung eines Monteurs;
elektrische Ausrüstung;
Fundamentsplan;
Farbanstrich;

AWF-Maschinenkarte, Unfallverhütungsvorschriften, Schmieranleitung;
Liefertermin – Konventionalstrafe – max. Montagedauer – Kontrolle des Fertigungszustandes zu Zwischenterminen;
evtl. Transportvorschriften;
evtl. Verzollung;
evtl. Abnahme beim Lieferanten;
Wartungsvertrag;
Kostenlose oder kostenpflichtige Beistellung von eigenen Hilfskräften, elektrischem Strom, Bauwasser, Lagerplatz usw.;
Liste über Verschleißteile – Ersatzteilzeichnungen;
Geheimhaltung von Fertigungszeichnungen oder sonstigen Konstruktionsunterlagen, die wir zur Verfügung stellen.

Eine dritte Art kann man als „Grundsatzrichtlinie" oder Grundsatzanweisung bezeichnen. Als Beispiel hierfür nachstehend die Zusammenfassung der Hauptaufgaben der Materialwirtschaft:
Kosten senken und Kosten verhindern auf allen Gebieten, die mit der Materialwirtschaft zu tun haben.

1. Disposition, Einkauf, Materialverwaltung, Materialverwertung
   1.1 Einfache Organisation im eigenen Bereich, um Personalkosten niedrig zu halten.
   1.2 Vorschläge machen zur Vereinfachung organisatorischer Vorgänge, die mit anderen Bereichen zusammenhängen, um Personalkosten zu senken.
   1.3 Dafür sorgen, daß nicht notwendige Kosten verhindert werden.

2. Disposition
   Optimale Vorratshaltung, um hohe Zinskosten zu vermeiden, Risikokosten zu mindern, Raumkosten zu sparen, Verwaltungskosten zu senken und Bereitstellungskosten niedrig zu halten.

3. Einkauf

3.1 Wettbewerb ausnutzen im Inland, im EWG-Raum und im sonstigen Ausland.
Den Preis beim bisherigen Lieferanten durch Wettbewerbsangebote überprüfen.
Den Lieferanten wechseln.

3.2 Anregungen geben und Vorschläge machen für mögliche Kostensenkungen durch
Materialänderung;
Ändern der Ausführung;
Ändern des Fertigungsverfahrens;
Entfeinern und Abbauen überspitzter Forderungen im Material, in Toleranzen, Oberfläche usw.;
Vereinheitlichen;
Normung und Typisierung;
Beschaffen von Angeboten, die bei Neueinführungen zur Entscheidung „Eigenfertigung oder Fremdbezug" benötigt werden;
Überprüfung der Herstellkosten für die gesamte Eigenfertigung.

4. Materialverwaltung
Mit niedrigsten Kosten alle Materialien von der Warenannahme über einen Teil des innerbetrieblichen Transports, die Materiallagerung, die Materialabrechnung bis zur Inventur ordnungsgemäß verwalten.

5. Materialverwertung
5.1 Alle Lagerhüter und alle Dinge, die nicht mehr gebraucht werden, aufspüren, erfassen und möglichst wirtschaftlich verwerten.
5.2 „Schwarze" Privatlager aufspüren und beseitigen.

Die Aufgaben der einzelnen Bereiche der Materialwirtschaft werden dann in besonderen Anweisungen weiter detailliert. Hierfür 2 Beispiele, und zwar für den Bereich „Disposition" und für den Bereich „Materialverwaltung".

Disposition

1. Hauptaufgaben
1.1 Das Fertigungsprogramm und Einzelaufträge in interne Fertigungsaufträge und Anforderungen umsetzen;

1.2 Für eine gleichmäßige und reibungslose Fertigung mit schnellem Durchlauf sorgen;
1.3 Die Lieferbereitschaft garantieren;
1.4 Die Liquidität dadurch verbessern, daß möglichst wenig Kapital in den Vorräten gebunden wird.

2. Waren im richtigen Zeitpunkt zum richtigen Zeitpunkt anfordern (Fremdbezug).
3. Die Fertigung von Teilen und Produkten im richtigen Zeitpunkt zum richtigen Zeitpunkt veranlassen.
4. Die planmäßige Verteilung von beschafften oder gefertigten Teilen und Produkten veranlassen.
5. Vorschläge machen, mit denen auf dem Weg über Vereinheitlichung und Normung die Anzahl der vorrätig zu haltenden Waren und damit der Wert der Bestände reduziert wird.
6. Bei der Materialverwaltung veranlassen, daß neue Waren eingeführt, vorhandene Waren geändert und nicht mehr benötigte Waren beseitigt werden (Änderungsdienst). Grundlage hierfür sind offizielle Einführungen, Änderungen usw.
7. Bei der Materialverwaltung veranlassen, daß vorhandene Bestände nach Möglichkeit aufgebraucht werden, bevor geänderte oder neue Waren Verwendung finden.
8. Bei der Materialverwaltung veranlassen, daß veraltete Waren (= Waren, die für die laufende Produktion nicht mehr gebraucht werden) verkauft, aus den aktiven Lagern in das Ersatzteilelager verlagert oder verschrottet werden.

Materialverwaltung

1. Alle Aufgaben und Funktionen mit den niedrigsten Kosten erfüllen!
   1.1 Personal ausbilden und zweckmäßig einsetzen (Personalausgleich);
   1.2 Raumordnung planen und realisieren (Raumausgleich);

1.3 Lagereinrichtungen planen und zweckmäßig einsetzen (Ausgleich von Lagereinrichtungen);
1.4 Den Einsatz von Transportmitteln planen – Transportmittel zweckmäßig einsetzen (Ausgleich von Transportmitteln);
1.5 Den Papierkrieg vereinfachen und vereinheitlichen.

2. Einwandfreie Unterlagen in Form einer Bestandsrechnung für die Disposition schaffen.
2.1 Waren annehmen;
2.2 Waren, die nicht von der Wareneingangskontrolle geprüft werden, kontrollieren;
2.3 Waren einlagern;
2.4 Waren ausgeben oder bereitstellen;
2.5 Änderungsdienst in der Warenannahme und im Lager durchführen;
2.6 Änderungsdienst bei der Datenverarbeitung veranlassen.

3. Einwandfreie Unterlagen für die Betriebsabrechnung und für den Jahresabschluß bereitstellen.
3.1 Ordnungsgemäße Belegwirtschaft überwachen;
3.2 Inventur durchführen.

4. Hilfs- und Betriebsstoffe nach Verbrauch disponieren.

5. Für einen reibungslosen Ersatzteiledienst sorgen.
5.1 Nicht aktive Ersatzteile nach Verbrauch disponieren.
5.2 Änderungsdienst bei der Datenverarbeitung veranlassen und im Ersatzteilelager durchführen.
5.3 Ersatzteile für inländische und ausländische Kunden termingerecht bereitstellen, verpacken und versenden.
5.4 Liefertermin für Ersatzteile, die nicht sofort aus Vorrat geliefert werden können (= Kundenrückstand) ermitteln, den Kunden in Form einer Auftragsbestätigung bekanntgeben und überwachen.

Wenn man alle sich wiederholenden Arbeiten zweckmäßig und einheitlich regelt, dann ergeben sich folgende Vorteile: keine Schubladenpolitik mehr,

kaum Schwierigkeiten bei Urlaub und Krankheit,
mehr Zeit für wirkliche Einkaufsarbeit,
Reduzierung der Personalkosten.

Es wird also weniger menschliche Arbeitskraft verschwendet.

Wenn man mit Check-Listen arbeitet, wird nichts vergessen. Darüber hinaus kann der Bereichsleiter leicht und schnell kontrollieren.

Wenn man Grundsatzrichtlinien hat, ist es leichter, die Tätigkeit der Mitarbeiter auf ein bestimmtes Ziel auszurichten und die Leistung zu messen.

Arbeitsanweisungen nutzen aber nur etwas, wenn auch danach gearbeitet wird. Um dies zu erreichen, müssen 3 Voraussetzungen erfüllt sein:

Die Personen, die nach den Arbeitsanweisungen arbeiten sollen, müssen von der Zweckmäßigkeit überzeugt sein. Es empfiehlt sich, die Arbeitsanweisungen gemeinsam mit den Mitarbeitern zu erarbeiten, die später danach arbeiten sollen. Niemand kann dann sagen, „das habe ich nicht gewußt".

Bei der Einführung neuer Arbeitsmethoden muß sich eine Person so lange darum kümmern, „bis es klappt".

Von Zeit zu Zeit muß man prüfen, ob noch nach der Anweisung gearbeitet wird, d. h. ob sie noch befolgt wird.

Arbeitsanweisungen sind Grundlage der internen Revision. Revision sollte kein Schnüffeln nach Fehlern, kein nur Abhaken, kein nochmaliges Prüfen von Belegen sein. Hauptaufgabe der internen Revision ist eine Systemprüfung, eine Prüfung der angewandten Arbeitsverfahren.

Systembedingte Fehler müssen beseitigt werden. Systembedingte Fehler dürfen sich nicht wiederholen. Die Revision findet den Soll-Zustand in Arbeitsanweisungen vor. Sie kann prüfen, ob der Ist-Zustand dem Soll-Zustand entspricht. Darüber hinaus muß die Revision Änderungsvorschläge für den Soll-Zustand machen, wenn der Soll-Zustand systembedingte Fehler zuläßt.

Notwendige Arbeitsanweisungen für die Materialwirtschaft – Beispiele:

Hauptaufgaben der Materialwirtschaft
Was kann der Einkäufer gegen Preiserhöhungen unternehmen?
Das Kostensenkungsprogramm
Eigenfertigung – Fremdbezug
Preis-/Kostenänderungen; das Einkaufsergebnis
Richtlinien für die Disposition
Empfang von Besuchern
Auswahl und Beurteilung von Lieferanten

Arbeitseinteilung im Einkauf
Arbeitseinteilung in der Materialverwaltung
Unterschriftsregelung

Postverteilung im Einkauf
Bearbeitung von Bedarfsmeldungen
Bearbeitung von Auftragsbestätigungen
Einholen von Angeboten – der Wettbewerbsvergleich
Terminüberwachung im Einkauf
Bearbeitung von Rechnungen
Die Registratur
Importgeschäfte
Wartungsabkommen
Beschaffung von Investitionsgütern
Werkzeuge, Vorrichtungen, Modelle und Formen zur
Herstellung von Teilen nach Zeichnung
Nacharbeitskosten
Kontrollmehrkosten
Inventurbestätigungen

Warenannahme
Leergutbearbeitung
Materialabrechnung der Kontenklasse 3
Bewertung von Roh-, Hilfs- und Betriebsstoffen
Belegwirtschaft der Kontenklassen 3, 4 und 7

Disposition, Verwaltung und Abrechnung von Pfennigsartikeln
Verwendung von Lagerhütern – Waren, die nicht mehr gebraucht werden
Permanente Inventur
Änderungsdienst für die Datenverarbeitung.

Die Materialwirtschaft kann ihre Aufgaben nur erfüllen, wenn man ihr organisatorisch die nötige Freiheit garantiert. Das müssen die Unternehmensleitungen tun.
Darüber hinaus muß man von der Unternehmensleitung erwarten, daß sie sich 100%ig hinter die Bestrebungen der Materialwirtschaft stellt, daß sie hilft, alle Kostensenkungsmöglichkeiten, die mit der Materialwirtschaft zusammenhängen, auszunutzen.
Diese Unterstützung der Unternehmensleitung ist manchmal erst zu erreichen, wenn die Erfolge der Materialwirtschaft sichtbar werden. Man muß also das, was die Materialwirtschaft erreicht hat, und selbstverständlich auch das, was die Materialwirtschaft an Fehlern macht, den eigenen Mitarbeitern zeigen und die höchsten Stellen des Unternehmens durch praktische Beispiele davon überzeugen, daß die Materialwirtschaft wirklich dazu beitragen kann, den notwendigen Gewinn zu machen. Dabei dürfen die Mißerfolge auf keinen Fall vergessen werden. Sonst sind die Mitarbeiter der Materialwirtschaft über kurz oder lang unglaubwürdig.

Information

Ein großer Teil aller Fehler ist auf ungenügende Information zurückzuführen.
In einem Informationskatalog muß festgelegt sein, welche Informationen von wem an wen fließen sollen. Das Prinzip der Wirtschaftlichkeit muß dabei beachtet werden. Der Aufwand muß im richtigen Verhältnis zum möglichen Erfolg stehen. Die Information ist dann ein echtes Führungsmittel.

Über was müssen die Mitarbeiter grundsätzlich informiert sein?

Den Führungsstil des Unternehmens – vorausgesetzt, daß dieser fixiert ist.
Die Organisation des Unternehmens und organisatorische Änderungen.
Den Aufgabenbereich des Mitarbeiters (Stellenbeschreibung, Arbeitsanweisungen).
Über die Ziele des Unternehmens.

Über was müssen auch die Mitarbeiter der Materialwirtschaft laufend unterrichtet werden?

Die Planung und damit die Schwerpunkte, die für das laufende Jahr – das nächste Jahr – gesetzt sind.
Die jeweilige Wirtschaftslage des Unternehmens.
Die Situation bei der Konkurrenz.
Die Konjunktursituation in Deutschland, in den wichtigsten Exportländern und in den wichtigsten Importländern.

Besondere Informationen:

Die Planung zur Verhinderung von Preis-/Kostensteigerungen.
Die laufenden Maßnahmen zur Verhinderung von Preis-/Kostensteigerungen.
Die Planung von Kostenreduzierungen.
Die laufenden Maßnahmen zur Reduzierung der Kosten.
Die Planung der Vorräte, das Einkaufsbudget und die zur Zeit gültigen Richtlinien für die Disposition.
Den Soll-Ist-Vergleich des in diesen Punkten zusammengefaßten Kostensenkungsprogramms im Sinne der Wertanalyse.
Das Produktionsprogramm.
Die Wirtschaftlichkeit der verschiedenen Umsatzträger.

Neue Produkte und neue Verfahren.
Neue Projekte.
Die für die Materialwirtschaft typischen Kennzahlen (siehe auch 79).
Die Beobachtungen der verschiedenen Dispositions- und Einkaufsbereiche.
Die in den Bereichen Entwicklung/Konstruktion, Arbeitsvorbereitung und Fertigung bestehenden Planungen zum Verhindern von Kostensteigerungen, zum Reduzieren von Kosten und den Soll-Ist-Vergleich des in diesen Bereichen laufenden Kostensenkungsprogramms im Sinne der Wertanalyse.
Alle Änderungen, die die Tätigkeit der Disponenten, Einkäufer und Materialverwalter beeinflussen.

Über was müssen die Mitarbeiter der Materialwirtschaft informieren?

Die Entwicklung von Lieferzeiten und Preisen.
Allgemeine Marktbeobachtungen.
Neue Produkte, neue Werkstoffe und neue Verfahren, die der Einkäufer bei Besichtigungen der Fertigung beim Lieferanten erkennt bzw. von denen der Einkäufer beim Gespräch mit Lieferanten erfährt.
Die Situation beim Wettbewerb, die sich aus Gesprächen mit Lieferanten ergibt.
Entstehende und bereits bestehende Überbestände und Lagerhüter.
Alles, was nicht mehr gebraucht wird – auch wenn es sich nicht um lagermäßig geführte Materialien handelt.
Besondere Schwierigkeiten mit Lieferanten.
Schwierigkeiten bei der Zusammenarbeit mit den anderen Bereichen des eigenen Hauses.

Diese Aufzählungen sollen nur anregen. Sie sollen und können nicht den Anspruch auf Vollständigkeit erheben. Um den Informationsfluß zu verbessern, empfiehlt sich ein Vorgehen in Stufen:

Welche Berichte und Statistiken werden täglich, wöchentlich, monatlich, jährlich oder zu festgesetzten Terminen gemacht?
Von wem, für wen, zu welchem Zweck?
Damit kennt man den Ist-Zustand.
Welche dieser Berichte sind überflüssig, notwendig, in zweckmäßiger Form notwendig?
Damit kennt man den Soll-Zustand.
Welche Berichte werden mündlich oder schriftlich von wem an wen von Fall zu Fall gemacht? Was ist zu verbessern?
So läßt sich ein sehr allgemein gefaßter Soll-Zustand festlegen.
Außer der notwendigen Information von oben nach unten und von unten nach oben sind eine Menge von Querinformationen notwendig, die sich schlecht in einem Schema aufzählen lassen. Diese Querinformationen sind zugleich Grundlage und Ergebnis einer wirklichen Zusammenarbeit.

Man kann nicht festlegen, wie weit die Mitarbeiter über Einzelheiten informiert werden sollen. Wichtig ist, daß die Mitarbeiter überhaupt informiert werden. Die Mitarbeiter werden dann aktiver versuchen, zum Erfolg des Unternehmens beizutragen.

Kennzahlen

Eine Führungshilfe und zugleich ein Kontrollinstrument für den Leiter der Materialwirtschaft und für jeden der ihm unterstellten Abteilungs- oder Gruppenleiter sind Kennzahlen. Oft verwendet man auch den Begriff Kennziffern oder Meßzahlen. Bei diesen Kennzahlen handelt es sich um Zahlen, die Aussagen z. B. über Zusammenhänge zwischen zwei oder mehreren Tatbeständen machen, z. B.
Anzahl der Bestellungen pro Monat,
Kosten pro Bestellung,
Anzahl der Wareneingänge pro Woche usw.

Die Zahlen für die einzelnen Tatbestände können aus den Bereichen des Rechnungswesens kommen. Oft müssen sie in den Bereichen der Materialwirtschaft – zum Teil in Zusammenarbeit mit anderen Bereichen des Unternehmens – ermittelt werden. Vergleichs-Kennzahlen können auch aus anderen Unternehmungen stammen.

Kennzahlen ergänzen das vorhandene Zahlenmaterial. Die Genauigkeit der Kennzahlen ist abhängig von dem im Rechnungswesen und in der Statistik vorhandenen Zahlenmaterial.

Eine Kennzahl wird erst durch Vergleich mit einer anderen Zahl aussagefähig. Der Vergleich führt dazu, nach Ursachen zu forschen und Maßnahmen einzuleiten, um z. B. die Differenz zwischen dem Ist-Zustand vor . . . Monaten und dem heutigen Ist-Zustand zu beseitigen. Dieser „Ist-Ist-Vergleich" kann aber nur die Vorstufe für den „Soll-Ist-Vergleich" sein. Ein „Soll-Ist-Vergleich" ist nur möglich, wenn das Soll bekannt ist. Voraussetzung hierfür ist Planung im Bereich der Materialwirtschaft.

Kennzahlen müssen sorgfältig ausgewählt werden, die Gesamtzusammenhänge sind zu beachten. Sie müssen schnell ermittelt und den Mitarbeitern, die sie beeinflussen können, bekanntgegeben werden.

Für die Materialwirtschaft bieten sich zwei Arten von Kennzahlen an: Kennzahlen, die für alle Bereiche der Materialwirtschaft einheitlich zu ermitteln sind, und Kennzahlen, die für einzelne Bereiche der Materialwirtschaft typisch sind. Hierzu einige Beispiele:

Einheitliche Kennzahlen für die Materialwirtschaft:

Personalstärke, Krankenstand, Durchschnittsalter, durchschnittliche Betriebszugehörigkeit.

Gehälter, Überstundengehälter, Löhne, Überstundenlöhne. Kosten je Arbeitsstunde eines Bereiches, Kosten je Arbeitsstunde eines Mitarbeiters.

Unterschiedliche Kennzahlen für die verschiedenen Bereiche der Materialwirtschaft: Kosten pro Bestellung, pro geprüfte Rechnung, pro Wareneingang, pro Materialausgabe. Minuten pro geprüfte Rechnung, Minuten pro Waren-

Bereich ________	Personalentwicklung						Jahr ________		
Monat	Angestellte			Lohnempfänger			Gesamt		
	m	w	ges.	m	w	ges.	m	w	ges.
Januar									
Februar									
März									
April									
Mai									
Juni									
Juli									
August									
September									
Oktober									
November									
Dezember									
Mts.-Durchschnitt Vorjahr									

Bereich	Entwicklung der Ausfall- und Überstunden							Jahr	
	Angestellte			Lohn-Empfänger				Gesamt	
Monat	Ausfall-Stunden	Überstunden Beantragt	Überstunden Ist	Ausfall-Stunden	Überstunden Beantragt	Überstunden Ist		Ausfall-Stunden	Überstunden
Januar									
Februar									
März									
April									
Mai									
Juni									
Juli									
August									
September									
Oktober									
November									
Dezember									
Ges.-Std. Vorjahr									
Mts.-Durchschnitt									

eingang, Minuten pro Materialausgabe, bewegte Tonnage pro Minute.
Hierbei handelt es sich um Leistungskennzahlen, die als Mengengerüst Veränderungen aufzeigen und zu organisatorischen oder personellen Anpassungen führen sollen.
Wert der Vorräte, Umschlagshäufigkeit, Wert der Überbestände, Wert der Lagerhüter, Wert der verschrotteten Waren.
Anzahl der verfallenen Termine im Einkauf, Anzahl der Qualitätsbeanstandungen.
Summe der anerkannten Preiserhöhungen für einen Jahresbedarf, für alle in einem bestimmten Zeitraum erteilten Aufträge. Summe der Preis- und Kostenreduzierungen, die für einen Jahresbedarf, für alle in einem bestimmten Zeitraum erteilten Aufträge erzielt worden sind.
(Beispiel: 2 Formulare zur Darstellung von Kennzahlen = Seite 81, 82.)

Prämienlohn

Im Wareneingang und in allen Lagerbereichen kann im Prämienlohn gearbeitet werden.
Im „Handbuch des Prämienlöhners“ steht auf den Seiten 76 und 77 u. a.:
„Die Prämienentlohnung ist eine Form des Leistungslohns. Sie unterscheidet sich von der Entlohnung im Akkord im wesentlichen dadurch, daß sich die Höhe des jeweiligen Lohns nicht nur nach der menschlichen Leistung richtet, sondern auch betriebswirtschaftliche und unternehmerische Zielsetzungen einbezogen werden. Die Prämienoptimalleistung stellt nicht das maximal mögliche Leistungsergebnis dar, sondern dasjenige Ergebnis, bei dessen Erreichen die optimale Wirtschaftlichkeit gegeben ist und das den unternehmerischen Zielsetzungen am besten gerecht wird.“
Bis zum 1. 9. 1969 war es möglich, diese Art der Entlohnung schnell einzuführen. Man sammelte statistische Unterlagen

über die bisherigen Leistungen, errechnete die Lohnlinie und erstellte die Prämientabelle bzw. das Nomogramm.

In der Neufassung des § 18 MTV haben die Tarifpartner die Voraussetzungen für eine Prämie genau festgelegt. Umfangreiche Zeitstudien sind jetzt notwendig. Statistische Unterlagen über die bisherigen Leistungen sind auch hier vorteilhaft.

Bei der Einführung von Prämienlöhnen sind die geltenden Vorschriften zu beachten. Der Betriebsrat muß einverstanden sein, die Mitarbeiter müssen unterrichtet sein, eine Betriebsvereinbarung mit folgenden Angaben muß abgeschlossen werden:
der in Frage kommende Personenkreis; die Prämienart; Arbeitsaufgabe und Arbeitsplätze; Arbeitsbereiche und Maschinen; das Verfahren über die Findung der Daten zur Festlegung der Leistungsmaßstäbe; die Bezugsgröße; die Prämienfunktionslinie; Einzel- oder Gruppenarbeit; der Prämienberechnungszeitraum; der Einführungszeitpunkt und die Kündigungsfrist.

Mit einem derartigen Leistungslohn wird man Mitarbeitern die Möglichkeit geben, mehr Geld zu verdienen. Der Mitarbeiter wird zu einer höheren Leistung angespornt. Das besagt nicht, daß der Mitarbeiter mehr arbeiten muß, um mehr Geld zu verdienen. Er muß aber zweckmäßiger arbeiten und dadurch für das Unternehmen mehr leisten. Mit einem derartigen Leistungslohn lassen sich die Auswirkungen der betrieblichen Veränderungen auch in den Bereichen der Materialverwaltung sichtbar machen. Die aus einer nachlassenden Beschäftigung, einer Unterbeschäftigung, einer steigenden Beschäftigung oder einer Überbeschäftigung abzuleitenden Maßnahmen lassen sich begründen und quantifizieren. Ein derartiger Leistungslohn beseitigt Ungerechtigkeiten zwischen dem Akkordarbeiter und dem Zeitlohnarbeiter, macht den Arbeiter zufriedener.

Drei Grundvoraussetzungen müssen noch erwähnt werden: Alle Lagerbereiche müssen in einem Bereich (z. B. in der Abteilung Materialverwaltung) zusammengefaßt sein. In al-

len Lagerbereichen muß nach den gleichen Richtlinien gearbeitet werden.
Die in den Lagerbereichen tätigen Mitarbeiter müssen für die Arbeit in mehreren Lagerbereichen ausgebildet sein.
Nur dann können die Mitarbeiter der sich häufig ändernden Arbeitsmenge entsprechend eingesetzt werden.
Nur dann ist gewährleistet, daß die Mitarbeiter ihre Prämie jeden Tag verdienen können.
Zur Erläuterung nachstehend eine Mitteilung an alle Lagermeister:
Mit Wirkung vom .... errechnet sich der Stundenlohn eines in Prämie Arbeitenden aus dem Tarifgrundlohn der jeweiligen Arbeitswertgruppe plus einer Prämie von max. 30%.
Ihre Aufgabe ist es nun, durch eine entsprechende Personalpolitik darauf hinzuwirken, daß der Spitzenlohn mit 30% Prämie grundsätzlich erreicht wird. Sie haben dafür 3 Möglichkeiten:

1. Inventuraufnahme
2. Personal beurlauben
3. Personal anderen Lager-Bereichen zur Verfügung stellen.

In den Bereichen, in denen der Spitzenlohn nicht erreicht wird, ist offensichtlich der Personalstand zu hoch. Es ergeht deshalb an Sie die Bitte, sich täglich über die vollbrachte Leistung und die verbrauchte Arbeitszeit zu informieren und die ermittelten Daten in das beigefügte Formular, das am Ende des Monats zur Prämienermittlung herangezogen wird, einzutragen.
In dem hier erwähnten Formular werden vom Lagermeister täglich drei Eintragungen vorgenommen:
Die geleistete Stückzahl – das ist z. B. in einem Montierungslager die Anzahl der Materialbewegungen (= Zu- und Abgänge), die mit einer Lochkarte belegt sind; die aufgewendete Zeit in Stunden und die sich daraus ergebende Leistung (= Anzahl der Materialbewegungen geteilt durch die aufgewendeten Stunden). Aus einer Prämientabelle kann die Prämie für die erreichte Leistung abgelesen werden:

Tages-Prämienermittlung für Gruppenprämie	Nomogr. Nr.:
Monat: Jahr:	Lager.

Fabrik Tag	Geleistete Stückzahl N	Gesamt-Std. S	Stunden-Leistung F	Bemerkungen
Σ				

Datum: Meister:

Drucksachen Nr. 296 – 11 – 30 819

Datenverarbeitung

Probleme der Datenverarbeitung werden im Rahmen dieser Ausführungen nur angedeutet.
Bevor man in den Bereichen der Materialwirtschaft auf Datenverarbeitung umstellt, sind folgende Fragen zu beantworten:
Welche Einsatzmöglichkeiten der Datenverarbeitung gibt es überhaupt in den Bereichen Disposition, Einkauf, Materialverwaltung und Materialverwertung?
Welche dieser Möglichkeiten kommen für das Unternehmen überhaupt in Frage?
Welche Vorteile kann die Umstellung auf Datenverarbeitung in den verschiedenen Einsatzgebieten bringen? Wie hoch sind die einmaligen Umstellungskosten? Welche laufenden Kosten entstehen? Lohnt sich der Aufwand?
Nachstehend eine Aufzählung der Möglichkeiten, die sich in der Praxis bewährt haben:

Zur Bestandsrechnung

- Verbuchen der Lagerzu- und -abgänge;
- Erstellen von Unterlagen für manuelle Disposition;
- Speicherung von Mindestbeständen (bei Unterschreitung Hinweis);
- Speicherung von Verbrauchszahlen (Basis für ABC-Klassifizierung und Erkennen von Über- und Unterbeständen);
- Gewinnung von Daten für Inventuraufnahmen und Ermitteln von Inventurdifferenzen;
- Ermitteln von Mindestbeständen;
- Ermittlung von Daten für die Betriebsabrechnung.

Zur Bedarfsermittlung

- Bedarfserrechnung mit Produktionsprogramm und Stückliste;
- Bedarfsvorhersage aufgrund von Vergangenheitswerten;

– Bedarfsermittlung aufgrund Erreichen des Bestellpunktes. (Bedarf im Wiederbeschaffungszeitraum + Sicherheitsbestand.)

Zur Bestellrechnung

– Speichern aller Bestellungen (Eigenfertigung, Fremdbezug);
– Verwaltung des Bestellbestandes;
– Rückstandsliste für überfällige Bestellungen;
– Auftrags- und Bestellvorschläge schreiben;
– Einkaufsobligo bei Fremdbezug.

Der Mensch in der Materialwirtschaft

Schlechte, mangelhafte unvollständige, unwahre und unklare Informationen von oben nach unten und von unten nach oben schaffen Betriebsverdrossenheit. Betriebsverdrossenheit lähmt die Aktivität des einzelnen, nimmt ihm das Interesse, selbst Vorschläge zu machen, Anregungen zu geben, selbst in Kosten mitzudenken. Betriebsverdrossenheit führt zu Fehlentscheidungen. Wo das Gerücht anstelle nüchterner Information tritt, kommt es zu Mißtrauen, Cliquenbildung, Falschheit, Bosheit, passivem Widerstand, ja Sabotage bestimmter Anordnungen. Es kommt zu lähmender Gleichgültigkeit und Interessenlosigkeit, die zu schlechter Leistung, hohem Ausschuß, schlechter Nutzung der Arbeitszeit – kurz zu einem miserablen Betriebsergebnis führen und einem Betrieb enorme Verluste bringen. Für das Management eines Unternehmens – und dazu gehört die Leitung der Materialwirtschaft – ist oberstes Gebot die Wirtschaftlichkeit. Es ist jedoch verhängnisvoll, bei den wissenschaftlichen, technischen und organisatorischen Methoden, die zu diesem Ziel führen sollen, zu übersehen, daß im Mittelpunkt der Mensch steht – der Mensch in seinen Unabwägbarkeiten, wie Zufriedenheit, Stolz, Ehre, Streben, Ehrlichkeit, Verläßlichkeit, Feigheit, Hinterhältigkeit, Intrige usw. Der Mensch arbeitet in der Regel so wie er behandelt wird.

Für die Mitarbeiter muß der Leiter der Materialwirtschaft eine Autorität im Fachlichen sein, d. h. seine fachlichen Entscheidungen müssen den Sachverstand ausweisen, der dem neuesten wissenschaftlichen Stand entspricht. Er muß einen lauteren Charakter besitzen, d. h. die Mitarbeiter müssen davon überzeugt sein, daß seine Entscheidungen nach bestem Wissen und Gewissen getroffen werden; daß er von ihnen nicht mehr an Einsatz, Sorgfalt, Mühe und Arbeit verlangt als er selbst zu geben bereit ist; daß er mit dem Maße, mit dem er mißt, auch gemessen werden will.

Es gibt Sachentscheidungen, die menschliche Härten mit sich bringen. Hier hilft nur die rückhaltlos offene Information, um zu zeigen, daß nicht einseitige Karriereentscheidungen getroffen werden, daß nicht das Wohlverhalten gemessen wird, sondern die Leistung. Deshalb muß man ein Führungskonzept aufstellen, begründen, bekanntgeben und zur Diskussion stellen. Jeder muß die Methoden der Leistungsmessung kennen und muß davon überzeugt sein, daß der soziale Aspekt nicht hinter dem Gewinnstreben zurücksteht. Man muß die Mitarbeiter über ihre Entfaltungsmöglichkeiten aufgrund ihrer Leistungen offen informieren, den Bewertungsmaßstab bekanntgeben und – vielleicht bestimmte Aufgaben nur auf Zeit vergeben, etwa auf 1–2 Jahre. Dadurch lassen sich falscher Einsatz und Überforderung, oder das Ausbleiben eines Arbeitserfolges aus anderen Gründen kostensparend und menschlich ohne peinlichen Prestigeverlust korrigieren.

Es darf auch nicht vorkommen, daß der Einkäufer, der den Geschäftsabschluß vorbereitet, bei der abschließenden Verhandlung um den Erfolg seiner Arbeit gebracht wird, weil nun plötzlich „die höhere Ebene“ notwendig ist. Oder daß der Sachbearbeiter nur Fakten zusammenträgt, die sein Abteilungsleiter beim Direktor vorträgt!

Eine andere Quelle auftretender unnötiger Kosten ist das menschliche Beharrungsvermögen – „Das haben wir schon immer so gemacht, das läuft so schön und bequem, bitte keine Experimente!“ Wer heute nicht mit Lust und Liebe experimentiert, d. h. überlegt, wie man besser, günstiger gestalten kann, der darf sich nicht wundern, wenn er aufs tote Gleis abgeschoben wird. Mangelnde Bereitschaft dazuzulernen oder umzulernen sind nicht tragbar, denn der Wandel, die Veränderung sind unsere täglichen Begleiter und fordern schnelle Reaktion, wendige Anpassung. Zur Betriebsverdrossenheit und zum menschlichen Beharrungsvermögen kommt die Angst vor dem Prestigeverlust: Wir alle haben unsere Person auf ein mehr oder minder hohes Podest der Selbstgefälligeit und des Geltungsbedürfnisses gestellt und genießen bei unseren Mitmenschen einen bestimmten Ruf. Nur um diese Position zu halten, sind viele nicht bereit, Korrekturen im Arbeitsablauf vorzunehmen, nach neuen, heute unerläßlichen Methoden gewinnbringend für das Ganze zu wirken. Sie meinen, man laste es ihnen an, wenn sie bis heute nach früher vertretbaren Richtlinien arbeiteten und nun ab morgen ganz anderen Erkenntnissen zum Durchbruch verhelfen sollen. Der Wille zur Mitarbeit nach neuen Methoden ist nicht ehrenrührig, zerstört kein Prestige. Aufgeschlossenheit für neue Methoden und Aufgabe veralteter Abläufe wird jedem Achtung abnötigen, denn sie dienen dem Ganzen. Das sture, böswillige Verharren verursacht Kosten, blockiert den Fortschritt und gefährdet die Rentabilität. Dies den Mitarbeitern unmißverständlich klar zu machen ist nicht der geringste Teil der Führungsaufgabe des Leiters der Materialwirtschaft. Dann werden die Mitarbeiter Verantwortung für das Ganze – jeder an seinem Arbeitsplatz – tragen, Antwort auf Fragen, Klarheit in bestimmten Situationen, Begründungen für bestimmte Entscheidungen verlangen und nichts kritiklos hinnehmen. Ein solcher Mitarbeiterstab ist manchmal unbequem, garantiert aber gute Erfolge.

Prof. Wurster von der BASF hat bei der Festveranstaltung „10 Jahre Baden-Badener Unternehmergespräche“ etwa gesagt:

„Die Qualität der Führung bestimmt maßgeblich die Qualität eines Unternehmens. Ein Teil der heutigen Chef-Gene-

ration ist mit dem Unternehmen gewachsen und weitgehend auf diese Weise ausgebildet worden. Die kommende Generation muß statt dieses Erfahrungsweges mehr einen Ausbildungsweg gehen."
Die jungen Leute kommen von Universitäten, Hoch- und Fachschulen; von dort bringen sie die neuesten wissenschaftlichen Erkenntnisse mit, die sie realisieren wollen. Die Unternehmen brauchen ihre Ideen. Die jungen Leute brauchen Anleitung und eine Chance. Die Jungen bringen nun einmal Wissen und Theorien, die sich der Praktiker nur selten aneignen kann, weil er einfach nicht die Zeit dazu hat. Die Jungen müssen aber erst einmal die Betriebsstruktur und die daraus gewachsene Organisation studieren, kennenlernen, darin arbeiten und die Menschen in ihren Verhaltensweisen am Arbeitsplatz wirken sehen, um zu erkennen, daß jede wissenschaftliche Idee – und mag sie noch so geistvoll und bestechend sein – nur so viel wert ist wie sie dazu dient, die Arbeitswelt, die Welt des Menschen zu bessern und schließlich humaner zu machen. Eine betriebsinterne Ausbildung ist deshalb den außerbetrieblichen Planspielen der verschiedenen Ausbildungsrichtungen vorzuziehen. Das Planspiel läuft als Denkmodell ab. Dabei wird aber der Faktor Mensch mit seinen Unwägbarkeiten häufig vergessen, es sei denn, auch diese Frage wird als Planspiel zur Menschenführung durchgenommen.

Selbstkontrolle

Wenn es um die Mitarbeiter und um den Führungsstil geht, dann sollte sich jeder Bereichsleiter von Zeit zu Zeit selbst kontrollieren. Es genügt oft schon, wenn er sich bestimmte Grundsätze aufschreibt und von Zeit zu Zeit wieder einmal durchliest. Man merkt bei selbstkritischer Betrachtung, was man falsch gemacht hat. Man zwingt sich zum Nachdenken über den eigenen Führungsstil. Man faßt – vielleicht wieder einmal – gute Vorsätze.

Hier eine Beispielsammlung:
Wissen Sie eigentlich, was Sie in Ihrer Arbeitszeit tun? Machen Sie einmal für einige Wochen eine Statistik. Sie werden sich wundern, wieviel Zeit Sie für nicht notwendige Arbeiten und für Arbeiten, die andere genauso gut ausführen, können, vergeuden. Sie werden erstaunt sein, wie wenig Zeit Sie für Ihre Mitarbeiter haben.
Keine Besprechung ohne Tagesordnung, d. h. ohne vorheriges Programm. Die Dauer der Besprechung festlegen. Den Mitarbeitern am Beginn der Besprechung sagen, was eine Stunde Besprechung in dieser Zusammensetzung in etwa kostet.
Ziele dürfen nicht vom Chef vorgegeben und diktiert werden. Ziele müssen im gemeinsamen Gespräch erarbeitet werden. Begeisternde Ziele sind die eigentliche Anziehungskraft für tüchtige Mitarbeiter in einem Unternehmen.
Führen ist die Fähigkeit, seine Mitarbeiter zum Erfolg kommen zu lassen.
Es ist sehr gefährlich, wenn die Mitarbeiter an die schönen Reden von oben nicht glauben oder Zweifel an diesen schönen Reden haben.
Die besten Kräfte liegen brach, wenn der Vorgesetzte anders handelt als er spricht.
Die wichtigste Führungsaufgabe ist, um Vertrauen zu werben. Vertrauen kann man nur durch die Tat erwerben.
Wodurch verliert man die Glaubwürdigkeit?
Wenn ein Vorgesetzter die Arbeit eines Mitarbeiters lobt, diesen Mitarbeiter aber nicht verteidigt, wenn ein höherer Vorgesetzter Kritik übt.
Wenn ein Vorgesetzter die Ideen eines Mitarbeiters „stiehlt" und versucht, sich daraus Vorteile zu schaffen. Wenn man Aufgaben delegiert, ohne das Recht auf Fehler und von der eigenen Meinung abweichende Lösungen zuzugestehen.
Wenn man Arbeitsplätze „rosarot" darstellt, die in Wirklichkeit ganz anders sind.
Diskutieren Sie mit Ihren Mitarbeitern. Eine wirkliche Diskussion bringt Vorschläge und regt den Ehrgeiz der Mitarbeiter an.

Alle Arbeiten, die andere ebenso gut machen können, grundsätzlich abgeben.

Man sollte bei allem, was man tut, fragen: Was erreiche ich hiermit für das Unternehmen?

Die Mitarbeiter nach Können und Intelligenz so einsetzen, daß auch einfache Menschen optimale Leistungen hervorbringen.

Nie darüber klagen, daß man nichts tun kann. Einfach anfangen zu arbeiten und damit dafür sorgen, daß etwas geschieht.

Dafür sorgen, daß die Mitarbeiter in den Büros nicht damit beschäftigt sind, etwas zu regeln, was gar nicht mehr geregelt werden muß.

Was durch eine falsche personelle Entscheidung verdorben wird, kann durch keine noch so gute Organisation oder Planung wiedergutgemacht werden.

Führen = dafür sorgen, daß mit immer weniger Mitarbeitern immer mehr und immer kompliziertere Fragen gelöst werden.

Jeder Vorgesetzte und jeder Mitarbeiter muß eindeutig auf ein Ziel festgelegt sein.

Die Mitarbeiter müssen über alles, was sie und ihre Tätigkeit betrifft, informiert sein und sollen an allen Entscheidungen, die auf sie eine Auswirkung haben, beteiligt sein.

Versuchen Sie, die persönlichen Ziele der Mitarbeiter mit den Zielen des Unternehmens in Einklang zu bringen. Dann haben Sie den richtigen Mann am richtigen Platz.

Die Führungskräfte der Materialwirtschaft nicht nur nach fachlichen Gesichtspunkten ausbilden. Zuerst kommt die Fähigkeit, andere Menschen zu führen. Erst an zweiter Stelle kommt die fachliche Qualifikation.

Analphabeten von morgen sind nicht die, die das Lesen und Schreiben nicht gelernt haben, sondern die, die das Lernen nicht gelernt haben. Das gilt für Mitarbeiter bis zum Top-Management.

Immer bessere Information ist notwendig, da immer größer werdende Spezialisierung sonst zu Ressortegoismus führt.

Auch bei einem gut organisierten Informationsfluß kann man auf einen zwanglosen Gedankenaustausch nicht verzichten.

Bei vielen zur Debatte stehenden Entscheidungen geht es nicht darum, daß das Richtige oder das Falsche getan wird, sondern darum, daß man sich für das kleinere Übel entscheidet.

Es wäre ideal, wenn der Vorgesetzte die Mitarbeiter in allen Fällen von der Richtigkeit seiner Gedanken überzeugen könnte. Es wäre genauso ideal, wenn die Mitarbeiter den Vorgesetzten in den Fällen überzeugen könnten, in denen es der Vorgesetzte nicht fertig bringt, die Mitarbeiter zu überzeugen. Aber – was tut man, wenn das der Vorgesetzte und die Mitarbeiter nicht fertigbringen? Dann muß der Vorgesetzte entscheiden.

Wirkungsvolle Entscheidungen kommen sehr häufig auf der Basis gegensätzlicher Meinungen zustande.

Verlangen Sie von Ihren Mitarbeitern keine langatmigen Stellungnahmen. Verlangen Sie Vorschläge, über die Sie dann entscheiden.

Es geht einzig und allein um den Erfolg. Das hört man heute häufiger als früher. Aber – Voraussetzung für den Erfolg ist der Mensch, seine Aktivität, sein kostenbewußtes Handeln, sein Einsatz, seine Verantwortungsfreudigkeit, sein unternehmerisches Handeln, seine Anerkennung, seine Zufriedenheit.

100 Mitarbeiter bewältigen mehr Arbeit als 10. Aber es ist nicht gesagt, daß 100 Mitarbeiter mehr zum Erfolg des Unternehmens beitragen als 10.

Für alles gibt es Ersatz. Für verlorene, nutzlos vertane Zeit gibt es keinen Ersatz.

Bei der täglichen Arbeit wird viel Zeit nutzlos vertan, ohne daß jemand fragt, warum diese Zeit vergeudet wird.

Eine Arbeit im Büro ist so umfangreich wie die dafür zugelassene Zeit.

Ausbildung

Seit Jahrzehnten gibt es im Bereich der Technik und in den verschiedenen kaufmännischen Bereichen spezielle Ausbildungsmöglichkeiten. Spezialkenntnisse werden auf wissenschaftlicher Basis vermittelt. Zahlreiche Abschlußformen führen zu allgemein anerkannten Titeln. Für die in der Materialwirtschaft Tätigen gibt es das nicht. Das Berufsbild der Disponenten, Einkäufer und Materialverwalter hat sich aber geradezu revolutionär gewandelt. Verbeamtete „Bestellbüro-Angestellte" mußten zu selbständig denkenden und selbständig handelnden Vermittlern des technischen Fortschritts umerzogen werden. Heute gibt es Ausbildungsmöglichkeiten durch die Berufsorganisation „Bundesverband Industrieller Einkauf (BIE)" durch das Rationalisierungs-Kuratorium der Deutschen Wirtschaft e. V. (RKW) und verschiedene andere Organisationen. Das Management jedes Unternehmens muß betriebsindividuell eine innerbetriebliche Aus- und Weiterbildung durchführen und den quantitativen und qualitativen Personalbedarf mittelfristig, d. h. für einen Zeitraum von etwa 5 Jahren planen.
Bei der quantitativen Personalplanung sind verschiedene Faktoren, wie z. B. Erweiterung des Produktionsprogramms, Umstellung von Eigenfertigung auf Fremdbezug, Schwierigkeitsgrad der Beschaffung usw. zu berücksichtigen.
In der innerbetrieblichen Aus- und Weiterbildung haben sich wöchentliche Besprechungen mit den verantwortlichen Mitarbeitern der verschiedenen Bereiche der Materialwirtschaft bewährt. In diesen Turnusbesprechungen werden z. B. mit den Einkäufern die täglichen Probleme des Marktes und Möglichkeiten der Kostensenkung erörtert.
Mit den Mitarbeitern aus den Dispositionsbereichen werden die für dieses Gebiet speziellen Fragen debattiert und Richtlinien für die Lagerhaltung erarbeitet. Alle notwendigen organisatorischen Änderungen werden diskutiert, um die menschlichen Schwierigkeiten, die sich bei jeder Änderung ergeben, so weit wie möglich zu vermeiden. In diesen Tur-

nusbesprechungen werden Kostenuntersuchungen, die besonders erfolgreich abgeschlossen werden konnten, genau geschildert, um die aktive Mitarbeit zu fördern. Pannen werden in allen Einzelheiten erläutert – nicht um den Schuldigen anzuprangern, sondern um derartige Verluste in Zukunft zu vermeiden. Alle Mitarbeiter der Materialwirtschaft werden hierdurch zum ganzheitlichen Denken und Handeln erzogen.

Zu empfehlen ist darüber hinaus ein Wechsel des Arbeitsplatzes innerhalb der Materialwirtschaft. Einkäufer sollten z. B. die Probleme der Disposition und der Materialverwaltung aus eigener Anschauung kennen. Derartige Maßnahmen führen zum gegenseitigen Verständnis, zu gegenseitiger Achtung und damit zur Zusammenarbeit.

Das Programm für eine innerbetriebliche Ausbildung erstellt man am zweckmäßigsten nach vorliegenden Ausbildungsprogrammen des Bundesverbandes Industrieller Einkauf oder der Schweizerischen Einkäufer-Vereinigung. Diese Programme lassen sich leicht auf die speziellen Belange des Unternehmens abwandeln.

Die Anforderungen an die Mitarbeiter der Materialwirtschaft sind in dem vom RKW und BIE herausgegebenen

> Funktionsbild des im Beschaffungswesen tätigen Industriekaufmanns

enthalten. Für diese Anforderungen sollen die Mitarbeiter ausgebildet sein, müssen sie laufend weitergebildet werden. Nachstehend werden einige Hauptthemen für die Aus- und Weiterbildung genannt, die in der Praxis oft vernachlässigt worden sind oder auch noch vernachlässigt werden:

> Marktforschung, Marktanalyse und Marktbeobachtung;
> Preisanalyse;
> Wertanalyse;
> Materialkunde;
>
> Grundkenntnisse der Betriebswirtschaft, der Rechtskunde, der Planung, der Budgetierung, des Marketing, des Finanz- und Rechnungswesens und der Volkswirtschaft.

Besonders häufig wird die Aus- und Weiterbildung der Disponenten vernachlässigt. Die Bedeutung dieser Mitarbeiter für Liquidität und Lieferbereitschaft – und damit für den Gewinn des Unternehmens – wird oft unterschätzt. Nachstehend die Hauptthemen für diese Mitarbeiter:

die verschiedenen Dispositionsverfahren;
die Bestandsrechnung;
die Bestell- und Bestandsrechnung;
die Vorräteplanung.

Aus- und Weiterbildung kosten zwar Geld und Zeit. Einigermaßen richtig durchgeführte Aus- und Weiterbildung nutzt aber jedem einzelnen Mitarbeiter und dem Unternehmen. Der Aufwand muß im richtigen Verhältnis zum Ergebnis stehen.

Im Zusammenhang mit der Ausbildung und Weiterbildung spielt die Erziehung verhandlungsgewandter Einkäufer eine besondere Rolle, da die meisten Erfolge des Einkaufs Verhandlungserfolge sind. Ein Einkäufer muß mit einem sehr differenzierten Personenkreis – mit normalen Vertretern, mit geschulten Verkäufern, mit Prokuristen, Unternehmern und Generaldirektoren – verhandeln. Nur in der Verhandlungskunst geschulte Einkäufer werden den Anforderungen gerecht.

Verhandlungen sind das A und O des Einkäufers. Auf Verhandlungen muß sich der Einkäufer vorbereiten. Ohne Vorbereitung kann er den sachlichen Argumenten des Verkäufers nicht wirksam begegnen. Nur Redegewandtheit, Phrasen und Bluffen des Einkäufers schaffen keine Tatsachen aus der Welt. Er muß den Stoff beherschen. Er muß über alle Dinge, die bei einer Verhandlung von Bedeutung sein können, im Bilde sein.

Wie kann der Einkäufer das erreichen?

Wo findet er allgemeine Unterlagen, die über den normalen Bestellvorgang hinausgehen?

In der Lieferantenkartei, die für alle wichtigen Lieferanten geführt wird. Hierbei handelt es sich um eine Ablage mit folgendem Inhalt:

1. Verträge, grundsätzliche Vereinbarungen, Unterlagen, die mit Patenten, Warenzeichen und Gebrauchsmustern zusammenhängen;
2. Kopien von Abschlußaufträgen;
3. Allgemeine Preisermäßigungen, allgemeine Preiserhöhungen, Vereinbarungen für Umsatzvergütungen;
4. Technische Freigaben;
5. Korrespondenz über „harte" Auseinandersetzungen auf kaufmännischem oder technischem Gebiet;
6. Auskünfte über Lieferfirmen, Zeitungsausschnitte, die mit der Lieferfirma oder einer der leitenden Personen dieser Firma zusammenhängen, Unterschriftsproben, Todesanzeigen leitender Personen;
7. Korrespondenz über Gegengeschäfte;
8. Formular „Lieferanten-Kartei".

Unterlagen von Lieferanten geringerer Bedeutung werden in normalen Ordnern oder in Falttaschen mit Register aufbewahrt.

Schon bei der Postverteilung wird entschieden, welche Unterlagen im Original oder als Kopie in der Lieferantenkartei abgelegt werden sollen.

An neue Lieferanten und an Lieferanten, bei denen die Verhältnisse nicht bekannt sind, wird das Formular „Fragebogen für Lieferanten" mit Anschreiben geschickt. Die Einkäufer sind dafür verantwortlich, daß die Lieferantenkartei vorschriftsmäßig geführt wird.

Die Lieferantenkartei hat sich bei den verschiedensten Verhandlungen im eigenen Haus, beim Lieferanten und auf Messen und Ausstellungen bewährt. Einkäufer, Abteilungsleiter und Hauptabteilungsleiter können sich in kürzester Zeit – im Auto, im Zug oder während der Verhandlung – informieren.

Neue Mitarbeiter können sich über die Entwicklung der Geschäftsverbindung mit den Lieferanten unterrichten – ohne eine derartige Lieferantenkartei ist das fast unmöglich. Dies gilt auch für die Geschäftsleitung. Die Geschäftsleitung hat gleichzeitig die Möglichkeit, den Einkauf durch die Lieferantenkartei zu kontrollieren.

LIEFERANTEN-KARTEI

LK-ausgestellt am: ....

LK-überprüft am: ....

Firmenanschrift: .... L'Konto-Nr. ....

.... Telefon ....

.... FS ....

Geschäftsleitung: ....

....

Sachbearbeiter: ....

....

Auslieferungslager bzw. Zweigwerke: ....

....

Zuständige Vertreter: ....

....

Auskünfte eingeholt am: ....

....

	Umsätze (in Td. DM) PI	PH	
19			Bezogene Waren:
19......			
19......			
19......			
19......			
19......			Andere Lieferanten für diese Waren:
19......			
19......			
19......			
19......			
19......			
19......			

Zahlungsbedingungen: ....

Frachtbedingungen: ....

Verpackungsbedingungen: ....

Sondervereinbarungen (Rabatt, Bonus, Abschluß, Verträge usw.)	vereinbart am:
....	....
....	....
....	....

Nr. 296-11-30 510 W 271

bitte wenden!

Besuche beim Lieferanten:			Wichtige Besuche des Lieferanten bei uns:	
Datum	Name	Verhandelt mit	Name und Stellung	Name und Stellung

Allgemeine Angaben:

a) über die Geschäftsverbindung (bisheriger Umfang, Dauer usw.):

b) über die Lieferfirma (Gesellschaftsform, Besitzverhältnisse, Konzernbindungen, Umsatzzahlen, Belegschaftszahlen usw.):

Laufende Beanstandungen oder größere Beanstandungen (termin- und qualitätsmäßig):

Sonstiges:

FRAGEBOGEN FÜR LIEFERANTEN

(bitte mit Schreibmaschine ausfüllen)

Genaue Firmenanschrift

Telefon-Nr. Fernschreib-Nr.

Telegramm-Adresse

Gründungsjahr Belegschaftsstärke

Fertigungsbetrieb, Vertretung, Importeur usw.

Fertigungs- bzw. Lieferprogramm

Welche Herren Ihrer Geschäfts- oder Verkaufsleitung sind die Gesprächspartner für unseren Einkauf?

Welche Sachbearbeiter sind die Gesprächspartner für unseren Einkauf?

Wichtige maschinelle Ausstattung

Bahnstation Entfernung von Kaiserslautern in Bahn-km

Anschrift der für uns zuständigen Vertretung

mit oder ohne Werkslager
Telefon-Nr.
Gesprächspartner

Ihre (mit uns vereinbarten) Lieferbedingungen

Zahlung
Fracht
Verpackung

Datum Unterschrift

Vordr.-Nr. 296-10-00 076

Aufgabe des für den Einkauf oder die Materialwirtschaft verantwortlichen Leiters ist es, die Einkäufer für die Verhandlungen auszubilden. Die Verkäufer sind hier viel systematischer geschult und daher dem Einkäufer oft überlegen.

Zur Erläuterung werden 2 Formblätter „Lieferantenkartei“ (Vorder- und Rückseite) und „Fragebogen für Lieferanten“ gezeigt (Beispiele = Seite 99–101).

Wie man heute versucht, Mitarbeiter zu einem sicheren Umgang mit Lieferanten zu erziehen, zeigen auch 3 weitere Beispiele über die Auswahl und Beurteilung von Lieferanten, über die Vorbereitungen zum Besuch von Lieferanten, Messen und Ausstellungen und über die mit einem Lieferanten zu führenden Gespräche.

Auswahl und Beurteilung von Lieferanten

Welche Dinge spielen bei der Auswahl eines Lieferanten und bei der Bewertung einer Firma, die bereits Lieferant ist, eine Rolle?

1. Bei der Auswahl
   - 1.1 Der Angebotspreis und die Bedingungen.
   - 1.2 Die Fertigungsmöglichkeiten = Maschinenpark.
     Es empfiehlt sich, daß Techniker und Einkäufer zusammen die Firma vor der Erteilung von Aufträgen besuchen und besichtigen.
   - 1.3 Die vorhandenen Kapazitäten.
     Sind diese ausreichend? Sind die Kapazitäten so groß, daß auch ein weiterer zusätzlicher Bedarf bei dem Lieferanten gedeckt werden kann? Sind die Kapazitäten so groß, daß ein plötzlicher, einmaliger Zusatzbedarf gedeckt werden kann? Ist die Firma hierbei wendig?
   - 1.4 Kontrollmöglichkeiten und Organisation der Kontrolle.
     Es empfiehlt sich, daß Einkäufer und Personen der Wareneingangskontrolle zusammen die Firma vorher besuchen.

1.5 Wer wird bereits beliefert? Welchen Ruf hat die Firma bei ihren Kunden?

1.6 Wird unsere Konkurrenz auch beliefert? Könnte uns das Vor- oder Nachteile bringen?

1.7 Gehört die Firma zu einem Konkurrenz-Konzern?

1.8 Hat die Firma eine fortschrittliche, aktive Geschäftsleitung?

1.9 Betreibt die Firma eine eigene Entwicklung?

1.10 Ist die Firma in der Lage und bereit, an unserem Kostensenkungsprogramm mitzuarbeiten? Kann sie Problemlösungen anbieten? (Vorsicht bei vertraulichen Dingen.)

1.11 Entfernung in km? Besonders vorteilhafte Verkehrsverbindungen? Besonders schlechte Verkehrsverbindungen?

1.12 Gegengeschäfte.

1.13 Wie ist die finanzielle Lage?

1.14 Hat die Firma eine Monopolstellung auf dem Markt?

1.15 Handelt es sich um einen Produktionsbetrieb oder um einen Händler?

1.16 Sind die Verhältnisse mit den Gewerkschaften bei der Firma in Ordnung? Besteht die Gefahr häufiger Streiks?

1.17 Versucht die Firma, unsere zuständigen Personen der Technik oder des Einkaufs zu beeinflussen?

2. Bei einer Firma, die bereits Lieferant ist

2.1 Der Preis und die Bedingungen.

2.2 Die Qualität.

Zur Beseitigung von Qualitätsmängeln sollte der Lieferant im eigenen Werk die Funktion der Waren oder Teile kennenlernen. Außerdem sollte der Einkäufer mit den Personen der Wareneingangskontrolle die Fehler und Beanstandungen beim Lieferanten besprechen.

Anzahl der Rücksendungen. Kontrollmehrlöhne, die nicht weiterbelastet werden konnten.

Nacharbeitskosten, die nicht weiterbelastet werden konnten.

2.3 Terminzuverlässigkeit, Anzahl der verfallenen Termine.
2.4 Wie verhält sich die Firma in der Hochkonjunktur bei den Preisen? Versucht die Firma, derartige Situationen auszunutzen?
2.5 Gegengeschäfte.
2.6 Versucht die Firma, die zuständigen Personen der Technik oder die Einkäufer zu beeinflussen?

Was ist beim Besuch von Lieferanten und beim Besuch von Messen und Ausstellungen zu berücksichtigen?

1. Was ist mitzunehmen?
   1.1 Lieferantenkartei mit neuesten Umsatzzahlen.
   1.2 Formulare „Fragebogen für Lieferanten".
   1.3 Laufende Vorgänge des Kostensenkungsprogramms.
   1.4 ABC-Tabellierung.
   1.5 Tabellierung nach Postleitzahlen.
   1.6 Tabellierung „Umsätze mit Fremdkunden" (= Gegengeschäfte).
   1.7 Musterteile und Zeichnungen von Dingen, die schwerpunktmäßig untersucht werden sollten.
   1.8 Bedarfsmeldungen zur Terminüberwachung.
   1.9 Lagerhütervorgänge.
   1.10 Nicht erledigte Vorgänge.
   1.11 Visitenkarten.
   1.12 Messekatalog.
2. Was ist vor der Reise zu tun?
   2.1 Bei den technischen Bereichen fragen, welche besonderen Dinge mit den Lieferanten besprochen werden müssen.
   2.2 Prüfen, ob Herren der technischen Bereiche mitfahren sollten.
   2.3 Notieren, welche Punkte bei den Firmen besprochen werden sollen. Notieren, was dabei erreicht werden soll/kann.

2.4 Messe-/Ausstellungskatalog durcharbeiten und Pläne für die Messe ausarbeiten.
2.5 Neueste Umsatzzahlen in Lieferantenkartei vermerken.
2.6 Bei den Firmen rechtzeitig anmelden und Termin vereinbaren.

Denken Sie bei Ihren Gesprächen mit Lieferanten grundsätzlich an folgendes:

1. Die laufenden Aufträge, Beanstandungen, technische Unklarheiten, Preise und Liefertermine.
2. Laufende Vorgänge des Kostensenkungsprogramms.
3. Lieferzeiten für neue Aufträge.
4. Haben wir den Lieferanten schon einmal aufgefordert, für die Teile/das Material Kostensenkungsvorschläge zu machen? Haben wir dem Lieferanten zu diesem Zweck eine Funktionsbeschreibung gegeben?
5. Kaufen wir die Teile/das Material schon lange bei diesem Lieferanten?
   Wenn ja – müßte der Lieferant auf Grund der inzwischen durchgeführten Rationalisierungsmaßnahmen den Preis reduzieren können?
6. Wie ist die allgemeine Marktlage?
7. Wissen die Besucher etwas über die Situation bei unseren Wettbewerbsfirmen?
8. Gibt es technische Neuheiten, die uns interessieren könnten?
9. Ist die Lieferantenkartei in Ordnung?

Das Mitarbeitergespräch

Der Leiter der Materialwirtschaft – jeder Bereichsleiter – trägt aber nicht nur die Verantwortung für die fachliche Ausbildung seiner Mitarbeiter. Er ist genauso dafür verantwortlich, daß die notwendigen Mitarbeitergespräche geführt und daß Grundsätze der Menschenführung beachtet werden.

Mitarbeitergespräch

Ein derartiges Gespräch ist mit allen direkt unterstellten Mitarbeitern mindestens einmal im Laufe von 12 Monaten notwendig.

Der Mitarbeiter muß wissen,
was der Vorgesetzte über ihn denkt,
wie er vom Vorgesetzten beurteilt wird,
was der Vorgesetzte mit ihm vorhat.

Der Vorgesetzte muß wissen,
was der Mitarbeiter von seiner augenblicklichen Tätigkeit hält,
welche Verbesserungen er vorschlägt,
was der Mitarbeiter beruflich erreichen will.

Das Ergebnis des Mitarbeitergesprächs muß schriftlich festgehalten werden. Der Vorgesetzte und der Mitarbeiter müssen unterschreiben.

Der schriftliche Bericht soll enthalten:

1. Beurteilung der Leistung seit dem letzten Mitarbeitergespräch.
2. Die Ansicht des Mitarbeiters zu seiner Tätigkeit und zur Weiterbildung.
3. Ziele und Maßnahmen, die die Beurteilung in Punkt 1 im Laufe der nächsten 12 Monate verbessern sollen.
4. Kurzbericht darüber, ob die beim letzten Mitarbeitergespräch beschlossenen Maßnahmen durchgeführt und die festgelegten Ziele erreicht worden sind.
   Angabe der Gründe, wenn die Maßnahmen nicht durchgeführt und die Ziele nicht erreicht worden sind.

   (Einzelheiten sind aus nachstehendem Formular ersichtlich.)

K	*Dokumentation über Mitarbeitergespräch zur Leistungsbeurteilung und Förderung des Mitarbeiters* – v e r t r a u l i c h –	Blatt 1

Name	Vorname	Abteilung
Stellenbezeichnung		In dieser Stelle tätig seit
Abteilungsleiter	Gespräch am	Letztes Gespräch am

Das vorher angekündigte und offen zwischen Mitarbeiter und Vorgesetztem einmal jährlich geführte Gespräch soll der im persönlichen und betrieblichen Interesse liegenden Leistungsbeurteilung und ggf. Leistungsaktivierung (Förderung des Mitarbeiters) dienen. Nach dem Gespräch ist der Mitarbeiter von dem durch den Vorgesetzten schriftlich festgehaltenen Ergebnis zu informieren.

A Leistungsbeurteilung für den Zeitraum seit dem letzten Mitarbeitergespräch

	ausreichend	befriedigend	Durchschnitt	gut	sehr gut
1. Qualität der Arbeit	☐	☐	☐	☐	☐
2. Quantität der Arbeit	☐	☐	☐	☐	☐
3. Einsatzbereitschaft	☐	☐	☐	☐	☐
4. Kostenbewußt	☐	☐	☐	☐	☐
5. Durchsetzungsvermögen	☐	☐	☐	☐	☐
6. Belastbarkeit	☐	☐	☐	☐	☐
7. Personelles Verhalten	☐	☐	☐	☐	☐
8. Weiterbildungsinteresse	☐	☐	☐	☐	☐

Kommentar

Nr. 296-11-30 647

B Förderung des Mitarbeiters

1. Fragen [1] zur Ermittlung der Förderungsnotwendigkeit

1.1 Was gefällt dem Mitarbeiter an seiner jetzigen Tätigkeit am meisten?

1.2 Was gefällt dem Mitarbeiter an seiner jetzigen Tätigkeit am wenigsten?

1.3 Was kann getan werden, um die Zufriedenheit mit der jetzigen Tätigkeit zu erhalten oder zu steigern?

1.4 Kann der Mitarbeiter seine Fähigkeiten am jetzigen Arbeitsplatz voll entfalten?
Wenn nein — wie muß der Arbeitsplatz aussehen, auf dem der Mitarbeiter seine Fähigkeiten voll entfalten kann?

1.5 Möchte sich der Mitarbeiter weiterbilden?
Wenn ja, in welcher Richtung?
Was kann der Vorgesetzte oder Pfaff tun, um diese Bestrebungen zu unterstützen?

1) Ggf. zusätzliches Blatt verwenden

K	*Mitarbeitergespräch*	Blatt 3

2. Vorschläge von Zielen und Maßnahmen zur betriebsbezogenen Förderung des Mitarbeiters.

3. Kurzbericht über Durchführung/Erfolg der im letzten Mitarbeitergespräch vorgeschlagenen Förderungs-Ziele bzw. Maßnahmen. Begründung für Nichterreichung der vorgeschlagenen Ziele.

Datum

Unterschrift (Mitarbeiter)

Unterschriften(Vorgesetzter) (nächst höherer Vorgesetzter)

Der Einkäufer

Als Einleitung das Muster einer Stellenbeschreibung für den Leiter einer Einkaufsgruppe.

1. Stellenbezeichnung:
   Einkäufer
2. Rang des Stelleninhabers:
   Gruppenleiter
3. Vorgesetzter/Unterstellung:
   Der Stelleninhaber ist personell und sachlich dem Leiter des Einkaufs unterstellt.
4. Untergebene/Überstellung:
   Dem Stelleninhaber sind unterstellt
   1 Einkaufssachbearbeiter,
   1 Karteisachbearbeiter,
   2 Stenokontoristinnen.
5. Stellvertretung:
   Als Einkäufer vertreten sich der Stelleninhaber und der Einkaufssachbearbeiter gegenseitig. Als Gruppenleiter wird der Stelleninhaber vom Leiter des Einkaufs vertreten.
6. Hauptaufgaben/Ziele der Stelle:
   6.1 Beschaffung von Hilfs- und Betriebsstoffen, Brennstoffen, Pneumatikelementen und Hydraulikelementen. Beschaffung von Werkzeugen, Lehren, Modellen und Vorrichtungen.
   6.2 Wertanalytische Kostenuntersuchungen laut Arbeitsanweisung.
   6.3 Führung der unterstellten Mitarbeiter.
7. Einzelaufgaben/Teilziele der Stelle:
   7.1 Organisationsaufgaben –
   Festlegen von Arbeitsabläufen, die von den allgemeinen Arbeitsanweisungen für den Einkauf abweichen. Festlegen der Haupt- und Einzelaufgaben für die unterstellten Mitarbeiter.
   7.2 Personalaufgaben –
   Aus- und Weiterbildung der Auszubildenden, die der Gruppe zugeteilt werden.

7.3 Sachaufgaben –
Überwachen, daß nach den Arbeitsanweisungen für den Einkauf gearbeitet wird.
Möglichkeiten der Kostensenkung und Möglichkeiten zur Umstellung von Eigenfertigung auf Fremdbezug suchen;
Kostenvergleiche durchführen; Vorgänge anlegen, Vorgänge bearbeiten (Arbeitsanweisungen 34 u. 38);
Verhandlungen mit Lieferanten vorbereiten und führen;
Besuche bei Lieferanten und Besuche von Fachmessen planen, vorbereiten und durchführen;
Die Entwicklung der Lieferzeiten beobachten und die Dispositionsbereiche entsprechend informieren;
Die Bereiche der Technik über neue Werkstoffe und Neuentwicklungen aller Art unterrichten;
Mitarbeiter und Vorgesetzte nach den gegebenen Richtlinien informieren;
Führen der Lieferantenkartei (Arbeitsanweisung Nr. 14);
Prospekt- und Preisunterlagen auf dem neuesten Stand halten;
Überbestände und Lagerhüter beseitigen (Arbeitsanweisung Nr. 36).

8. Besondere Befugnisse:
Der Stelleninhaber hat Handlungsvollmacht im Bereich Einkauf (Arbeitsanweisung Nr. 40).

9. Voraussetzungen:
9.1 Fachkenntnisse – Ausbildung
Muß kaufmännisch und in Wertanalyse ausgebildet sein;
Muß technische und betriebswirtschaftliche Grundkenntnisse haben;
Muß die bei uns angewendeten Fertigungsverfahren kennen.
9.2 Besondere Voraussetzungen

Muß die „Anforderungen an die Person des Einkäufers“ erfüllen.

10. Besondere Arbeitsplatzbedingungen: keine.

Aus dieser Stellenbeschreibung und den Erfahrungen der Praxis ergibt sich die Frage:
Welche Persönlichkeits- und Charakterwerte sind beim Beruf des Einkäufers unerläßlich?
Ebenso wichtig wie die erforderlichen Fachkenntnisse ist, daß der Einkäufer eine gebildete Persönlichkeit ist mit lauterem Charakter. In einer Zeit materiellen Aufstiegs muß er im Drange der wachsenden Geschäfte instinktiv die Grenzen zwischen dem moralisch Gebotenen und dem Bedenklichen einhalten.
Der Einkäufer ist Mittler zwischen dem eigenen Betrieb und dem großen Markt mit Hunderten und Tausenden von Lieferanten.
Nach außen Repräsentant des eigenen Unternehmens, wird sein Verhalten, sein fachliches Können und menschliches Auftreten zur Visitenkarte. Sehr oft wird der Ruf seiner Firma identisch mit seinem Ruf.
Nach innen muß er durch solide Kenntnisse und bescheidenes, sicheres Auftreten die Anregungen, die er vom großen Markt bringt, zur Diskussion stellen und zur Entscheidung bringen.
Diese Vielgestaltigkeit der Aufgaben verlangt Menschen mit überdurchschnittlicher Intelligenz. Der Einkäufer sollte an einer Schule erzogen worden sein und an Schulungen teilnehmen, die in Führung und Lehrplan Wert auf Persönlichkeitsbildung legen und abstraktes Denken üben.
Der begabte und so erzogene Mensch muß dazu noch geistig wendig und dynamisch sein. Scharfe Beobachtungsgabe und ein gutes Gedächtnis sind unerläßlich. Überdurchschnittliche Intelligenz, geistige Wendigkeit, Dynamik, scharfe Beobachtungsgabe, gutes Gedächtnis und die erforderlichen gründlichen kaufmännischen und technischen Kenntnisse müssen ergänzt werden durch Organisationstalent. Ohne dieses wird der Einkäufer nie in der Lage sein,

die vollständigen inneren Zusammenhänge des Geschäftsablaufs restlos zu erfassen.
Zur Begabung, zur Ausbildung und zum Wissen müssen die Liebe zum Beruf, die Freude am eigenen schöpferischen Planen und Wirken, der Spaß am Experimentieren – immer irgend etwas untersuchen und probieren – der Unternehmungsgeist und die Verantwortungsfreudigkeit kommen. Die Praxis vermittelt dann die notwendige Erfahrung.
Der Charakter – die seelischen und geistigen Anlagen, auf die das Verhalten und die Handlungen des Menschen zurückgeführt werden können – wird durch die Erziehung, die Umwelteinflüsse und die stetige geistige Auseinandersetzung mit der Umwelt geprägt. Der Einkäufer muß sich durch Charakterstärke auszeichnen. Sein Wesen, Denken und Handeln müssen eine saubere und integre Auffassung widerspiegeln. Oberstes Gebot ist absolute Ehrlichkeit und Unbestechlichkeit. Dazu gehört auch Ehrlichkeit im Eingestehen von Mißerfolgen, denn wer als Einkäufer nur mit Erfolgen hausieren geht, ist fehl am Platze. Unbestechlichkeit allein garantiert Handlungsfreiheit und Objektivität.
Wenn der Einkäufer Erfolg haben will, dann muß er sich selbst erziehen. Dabei verstehe ich unter „Erfolg haben", daß man ihn im eigenen Betrieb und draußen in seiner Persönlichkeit, in seinem Wissen und Können achtet und daß er durch seine Arbeit seinem Unternehmen sinnvoll dient.
Wenn er diesen Erfolg haben will, muß er sich erziehen zur Anpassungsfähigkeit,
zur Verhandlungsgewandtheit,
zur Willensstärke,
zur Festigkeit und Folgerichtigkeit, um nicht durch äußere Einflüsse und wechselnde Umstände von Entschlüssen abgebracht zu werden,
zur unbedingten Zuverlässigkeit,
zu Fleiß, Zähigkeit, Ausdauer, Beharrlichkeit und Zielstrebigkeit.
Der Einkäufer muß trotz allem in seinem Benehmen stets bescheiden und taktvoll bleiben. Takt und gute Umgangsformen sind unerläßlich, wenn er sich in den Widersprüchlich-

keiten seiner Welt zurechtfinden und nach außen und innen Vertrauen erwerben soll.

Thema „Geschenke"

Besondere Probleme des Einkäufer-Berufes: Zum Beispiel Geschenke.

Aus den Richtlinien der deutschen Bundeswehr, 1958, folgende Anweisungen:

„Es ist verboten, Geschenke, Darlehen, Bewirtungen, Einladungen oder andere Vorteile (z. B. Lieferung zu Vorzugspreisen, Erlaß von Schulden, Sach- oder Geldspenden für Kameradschaftsfeiern oder Verlosungen) von Personen oder Firmen anzunehmen, mit denen eine dienstliche Verbindung besteht oder vorgesehen ist. Vorteile dürfen auch weder durch oder für Familienangehörige noch über Mittelspersonen angenommen werden.

Der dienstliche Verkehr mit Firmen und deren Beauftragten ist auf das Notwendigste zu beschränken. Besprechungen mit Firmenbeauftragten sind regelmäßig in den Diensträumen der Bundeswehr und nur ausnahmsweise in Besprechungszimmern der Firmen abzuhalten – auf keinen Fall aber in Gaststätten, Kantinen oder Privaträumen."

So läßt sich das Problem in der Industrie nicht lösen, denn jedes Industrieunternehmen ist Lieferant und Kunde zugleich. Fast alle Industrieunternehmen arbeiten im Verkauf mit Werbegeschenken. Ein striktes Annahmeverbot an den Einkauf wäre widersinnig. Das Problem läßt sich aber entschärfen, wenn man einige Tatsachen und Grundsätze beachtet:

Nicht nur Einkäufer sind von dem Problem betroffen. Für Vorarbeiter, Einsteller, Meister, Leiter von Fertigungsbereichen, Techniker aus Arbeitsvorbereitung, Konstruktion, Entwicklung, Forschung und auch für die Mitglieder des Managements gilt das gleiche. Geschenke von Lieferanten sind immer auf eine geschäftliche Verbindung zurückzuführen. Die Geschenke gelten also in erster Linie dem Einfluß der Funktion – z. B. dem Einkäufer, dem Konstrukteur – und nicht der Person. Geschenke sollen den Wert von „Werbeartikeln allgemeiner Gebräuchlichkeit" nicht überschreiten. Die Wertgrenze läßt sich nicht eindeutig festlegen.

In Zweifelsfällen sollte der Beschenkte seinen Vorgesetzten fragen

Der Leiter des Einkaufs soll die Geschenke an seine Mitarbeiter und an die Personen in anderen Bereichen des Unternehmens, mit denen er zusammenarbeiten muß, weitergeben. In diesem Sinn sind mehrere „Werbeartikel allgemeiner Gebräuchlichkeit" zweckmäßiger und vertretbarer als ein wertvolles Geschenk für eine Person. Derartige Geschenke lassen sich auch für eine Tombola innerhalb des Einkaufs oder innerhalb der Materialwirtschaft ohne weiteres vertreten.

Einkäufer und alle mit diesem Problem konfrontierten Mitarbeiter müssen den Lieferanten gegenüber diesen Standpunkt klar und einheitlich vertreten. Die Geschäftsverbindungen zu Lieferanten, die sich trotzdem nicht an diese Spielregeln halten, müssen abgebrochen werden. Die Zusammenarbeit mit den Lieferanten, die sich hiernach richten, wird unbefangener sein. Hier kann sich ein partnerschaftliches Verhältnis entwickeln.

Lieferanten sollten eines nie vergessen:

Die beste und wirksamste Werbung für ein Produkt ist und bleibt einwandfreie Qualität, pünktliche Lieferung, guter Kundendienst von der Beratung bis zum nachträglichen Service und ein funktions- und marktgerechter Preis.

In diesem Sinn sollte man mit den Lieferanten sprechen. Noch besser ist es, wenn man den Lieferanten in Verbindung mit guten Wünschen für das Weihnachtsfest und das neue Jahr etwa sinngemäß schreibt: „Um unsere geschäftliche Zusammenarbeit persönlich netter und unbefangener gestalten zu können, darf ich Sie bitten, künftig von den üblichen Aufmerksamkeiten abzusehen."

Die Reaktion der Lieferanten ist im allgemeinen positiv. Hartnäckige Lieferanten muß man deutlicher ansprechen.

Der Einkauf ist die Visitenkarte eines Unternehmens! Diese Formulierung ist vielleicht zu einseitig. An der Tatsache kommen wir aber nicht vorbei. Daraus ergibt sich z. B. die Notwendigkeit, daß Richtlinien für den Empfang von Besuchern festgelegt werden. Nachstehend ein Auszug aus derartigen Richtlinien:

„Sie sind Repräsentant unseres Hauses. Nach Ihren Worten und Taten, nach Ihrem Auftreten und nach Ihrer Kleidung wird unser Unternehmen beurteilt.
Erzählen Sie den Lieferanten nichts über interne Schwierigkeiten!
Beachten Sie die Regeln der Höflichkeit und der guten Sitten."

Fortschrittliche Firmen überreichen ihren Besuchern ein Heftchen, in dem die Partnerschaft zwischen Lieferanten und Kunden betont wird und die notwendigen Auskünfte über das eigene Unternehmen gegeben werden.

Beispiel Adolph Saurer AG:

Ein hervorragendes Beispiel hierfür ist die Schrift „Unsere Lieferanten – unsere Partner" der Adolph Saurer AG in Arbon/Schweiz. Herr Direktor Voegeli, der Chef der Materialwirtschaft der A. Saurer AG, hat in dieser Schrift Gedanken formuliert, die sich nach und nach immer mehr durchsetzen werden. Hier einige Auszüge:

„Bei wichtigen Besprechungen legen wir Wert auf telefonische Voranmeldung . . ., um bei fachtechnischen Aufklärungen auch die in Frage kommenden technischen Instanzen beiziehen zu können.
Die Pflege guter Lieferanten ist ebenso wichtig wie die Pflege guter Kunden. In der Zusammenarbeit mit unseren Lieferanten zeigt sich ein systematisches Bemühen, die Erzeugniskosten ohne Qualitäts- und Funktionseinbuße zu verringern, um im Endprodukt eine Leistungssteigerung zu erreichen.
Das Wirken der Materialwirtschaft ist ein stetes Forschen, Planen, Entscheiden und Verwalten.
Die neue Brücke, die wir zu unseren Lieferanten schlagen, gibt den Weg frei für das Beschaffen in einer Partnerschaft.
Unsere Lieferanten betrachten wir als Partner bei der Weiterentwicklung unserer Erzeugnisse und Festlegung der Qualität.
Halten Sie mit Ihren Anregungen und Verbesserungsvorschlägen nicht zurück. Wir wissen auch Ihr offenes Wort als aufbauende Kritik zu schätzen.
Für den guten Ruf einer Firma hat jedes Unternehmen zwei wesentliche Kontaktpunkte: Verkauf und Einkauf."

Darüber hinaus kann der Einkauf sogar echte Marketing-

Funktionen übernehmen. So gibt es z. B. heute Unternehmen, die im Wartezimmer des Einkaufs nicht nur Prospekte der eigenen Produkte, sondern auch die Produkte selbst zeigen – soweit die Größe der Produkte eine derartige Ausstellung zuläßt.

Schluß

Bei diesem Bericht aus der Praxis ging es um 3 Dinge:
1. Es sollte dargestellt werden, daß die Führung der Materialwirtschaft denken, überlegen, anregen, entscheiden und kontrollieren muß. Dabei sind immer wieder 6 Stufen der Planung zu beobachten:
In der 1. Stufe sind alle begeistert. Diese Phase haben wohl alle in der Industrie tätigen Mitarbeiter schon erlebt.
Die 2. Phase bringt eine mehr oder weniger große Ernüchterung. Auch das kennen alle.
Die 3. Stufe tritt nicht immer ein. Hier handelt es sich bisweilen um stagnierende Depression. Man weiß nicht mehr, wie es weitergehen soll.
In der 4., 5. und 6. Stufe geht es um Dinge, die nicht passieren dürfen – nicht passieren sollten, aber trotzdem immer wieder vorkommen. Es werden z. B. die Schuldigen gesucht, die Unschuldigen werden häufig bestraft und zum Schluß werden womöglich noch diejenigen befördert, die überhaupt nichts getan haben.
2. Peter F. Drucker hat in seinem Buch „Die Praxis des Management" auf Seite 391 festgestellt, daß die Manager von morgen große Aufgaben erfüllen müssen. Er spricht davon, daß der Manager Ziele setzen muß; daß er größere Risiken für längere Zeiträume übernehmen muß; daß er strategische Entscheidungen zu treffen hat; daß er seine Mitarbeiter zur Teamarbeit bringen muß; daß er seinen Mitarbeitern Informationen schnell und klar weitergeben muß; daß er nur das Ganze sehen darf und seine eigene Funktion eingliedern muß, und daß er weit über seinen Produktions- und seinen Industriezweig hinausschauen muß.

Drucker sagt dann wörtlich: „Der Manager von morgen wird kein bedeutenderer Mensch sein, als sein Vater war. Er wird die gleichen Gaben, die gleichen Schwächen haben, und seine Grenzen werden die gleichen sein. Es sind keinerlei Beweise dafür vorhanden, daß der Mensch sich im Laufe der Geschichte wesentlich geändert, jedenfalls keine dafür, daß seine geistige und seelische Reife zugenommen hätte."
„Wie aber wird es dann möglich sein, diese neuen Aufgaben mit den gleichen Menschen zu meistern? Hierauf gibt es nur eine Antwort: Die Aufgabe muß vereinfacht werden. Und hierfür gibt es nur ein Mittel: was bisher aus der Ahnung und dem Gefühl getan worden ist, in ein System, eine Methode zu bringen; was bisher der Erfahrung überlassen blieb, über den Daumen gepeilt wurde, auf Grundsätze zurückzuführen; zufällige Erkenntnisse zu ersetzen durch ein zusammenhängendes logisches Gedankengebäude. Jeder Fortschritt, den die Menschheit gemacht hat, jede Fähigkeit, neue Aufgaben zu bewältigen, ist dadurch erzielt worden, daß die Dinge durch Systematisierung vereinfacht worden sind."
3. Trotz der Unternehmerfunktion, die die Mitarbeiter in der Disposition, im Einkauf, in der Materialverwaltung und in der Materialverwertung zu erfüllen haben, ist die Materialwirtschaft eine Dienstleistungsfunktion als Mittler zwischen verschiedenen Bereichen des eigenen Unternehmens und als Mittler zwischen verschiedenen Bereichen des eigenen Unternehmens und dem großen Markt mit allen seinen Lieferanten.